世紀
人物100

人類愛的典範

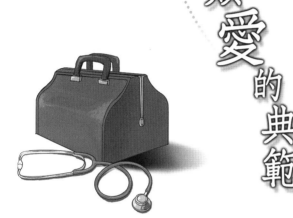

史懷哲

趙淑俠　著

三民書局

獻給孩子們的禮物

主編的話

世界上最幸福的孩子，是他們一出生就有機會接近故事書，想想看，那些書中的人物，不論古今中外都來到了眼前，與他們相識，不僅分享了各個人物生活中的點滴，孩子們的想像力也隨著書中的故事情節飛翔。

不論世界如何演變，科技如何發達，孩子一世幸福的起源，仍然來自於父母的影響，如果每一個孩子都能從小在父母親的懷抱中，傾聽故事，共享閱讀之樂，長大後養成了閱讀習慣，這將是一生中享用不盡的財富。

三民書局的劉振強董事長，想必也是一位深信讀書是人生最大財富的人，在讀書人口往下滑落的多元化時代，他仍然堅信讀書的重要，近年來，更不計成本，連續出版了特別為孩子們策劃的兒童文學叢書，從「文學家」、「藝術家」、「音樂家」、「影響世界的人」系列到「童話小天地」、「第一次」系列，至今已出版了近百本，這僅是由筆者主編出版的部分叢書而已，若包括其他兒童詩集及套書，三民書局已出版不下千百種的兒童讀物。

劉董事長也時常感念著，在他困苦貧窮的青少年時期，是書使他堅強向上，在社會普遍困苦，而生活簡陋的年代，也是書成了他最好的良伴，他希望在他的有生之年，分享這份資產，讓下一代可以充分使用，讓親子共讀的親情，源遠流長。

「世紀人物 100」系列早就在他的關切中構思著，希望能出版孩子們喜歡而且一生難忘的好書。近年來筆者放下一切寫作，接下

這份主編重任，並結合海內外有心兒童文學的作者共同為下一代效力，正是感動於劉董事長致力文化大業的真誠之心，更欣喜許多志同道合的朋友，能與我一起為孩子們寫書。

「世紀人物 100」系列規劃出版一百位人物故事，中外各占五十人，包括了在歷史上有關文學、藝術、人文、政治與科學等各行各業有貢獻的人物故事，邀請國內外兒童文學領域專業的學者、作家同心協力編寫，費時多年，分梯次出版。在越來越多元化的世界中，每個人都有各自的才華與潛力，每個朝代也都有其可歌可泣的故事，但是在故事背後所具有的一個共同點，就是每個傳主在困苦中不屈不撓，令人難忘的經歷，這些經歷經由各作者用心博覽有關資料，再三推敲求證，再以文學之筆，寫出了有趣而感人的故事。

西諺有云：「世界因有各式各樣不同的人群，才更加多采多姿。」這套書就是以「人」的故事為主旨，不刻意美化傳主，以每一位傳主的生活經歷為主軸，深入描寫他們成長的環境、家庭教育與童年生活，深入探索是什麼因素造成了他們與眾不同？是什麼力量驅動了他們鍥而不捨的毅力？以日常生活中的小故事，來描繪出這些人物，為什麼能使夢想成真。為了引起小讀者的興趣，特別著重在各傳主的童年生活描述，希望能引起共鳴。尤其在閱讀這些作品時，能於心領神會中得到靈感。

和一般從外文翻譯出來的偉人傳記所不同的是，此套書的特色是，由熟悉兒童文學又關心教育的作者用心收集資料，用有趣的故事，融入知識，並以文學之筆，深入淺出寫出適合小朋友與大朋友閱讀的人物傳記。在探討每位人物的內在心理因素之餘，也希望讀

者從閱讀中，能激勵出個人內在的潛力和夢想。我相信每個孩子在年少時都會發呆做夢，在他們發呆和做夢的同時，書是他們最私密的好友，在閱讀中，沒有批判和譏諷，卻可隨書中的主人翁，海闊天空一起遨遊，或狂想或計畫，而成為心靈知交，不僅留下年少時，從閱讀中得到的神交良伴（一個回憶），如果能兩代共讀，讀後一起討論，綿綿相傳，留下共同回憶，何嘗不是一幅幸福的親子圖？

2006 年，我們升格成為祖字輩，有一位朋友提了滿滿兩袋的童書相送，一袋給新科父母，一袋給我們。老友是美國國家科學院院士，曾擔任過全美閱讀評估諮議委員，也是一位慈愛的好爺爺，深信閱讀對人生的重要。他很感性的說：「不要以為娃娃聽不懂故事，我的孫兒們一出生就聽我們唸故事書，長大後不僅愛讀書而且想像力豐富，尤其是文字表達能力特別強。」我完全同意，並欣然接受那兩袋最珍貴的禮物。

因為我們同樣都是愛讀書、也深得讀書之樂的人。

謹以此套「世紀人物 100」叢書送給所有愛讀書的孩子和家庭，以及我們的孫兒——石開文，他們都是世界上最幸福的孩子，因為從小有書為伴，與愛同行。

親愛的年輕朋友，不知道你們在讀這本書以前，是否聽過阿伯特·史懷哲 (Albert Schweitzer) 的名字？事實上，環視整個現代世界，很難找到另一個能代表博愛、無私、奉獻的名字，可勝過阿伯特·史懷哲的。特別是在歐洲，他差不多就是偉大和仁慈的代名詞，被稱為偉大的人道主義者。我曾在歐洲長住，知道一些有關他的故事，對他非常欽佩景仰，所以當主編簡宛女士向我邀稿，寫一本阿伯特·史懷哲的傳記時，我頗感榮幸並樂於為之。

2004 年的夏天我曾去歐洲，順便找了幾本有關阿伯特·史懷哲的書。一口氣讀完，深受感動，驚嘆於世間真有這樣肯於犧牲奉獻，愛人勝於愛己的人。同時也明白了，要為這樣一個人寫傳，而且只用四萬字，可真不是容易的事。

阿伯特·史懷哲少年立志，活到九十歲，五十幾年在非洲診病救人造醫院，與荒莽的叢林作戰，做到人定勝天。其間的艱難辛苦，不是我們這些生活在現代社會中的人所能想像的。他是神學家、哲學家、作家、音樂家，也是終身行醫的醫生。他的腦子永遠不得歇，總在思索人類社會所存在的弊病和問題，倡言人要「敬畏生命」，珍視世界上一切活著

的人類和動物。他認為真有愛的人，不會不愛動物。

　　大概你們也看出了，阿伯特·史懷哲絕非簡單人物，他一生所做的事太多，表現出來的情操也太偉大，而且一做就是幾十年，各種冠在他頭上的榮譽也多得數不勝數。如果匆匆看一遍這本書，就想明白他一生的思想和事蹟，似乎不可能。所以，你們要細心的讀，深入的想，有不懂的或困惑的地方，不妨問問父母或老師，與同學們討論，交換心得，也會增長知識，這是很好的事。

　　人類社會，不管在什麼時代，總不免有不公平的現象。像阿伯特·史懷哲這樣無私的人，居然也會遭受到負面的批評。譬如著名的內幕作家約翰根室曾寫過一本叫《非洲內幕》的書，他形容阿伯特在非洲叢林裡造起來的醫院，是「世界上最出名，可也是最惡劣的醫院」。他認為醫院太落後，沒有電燈也沒有自來水，碰到夜間緊急開刀，還得靠手操式發電機增強燈光，進行手術等等。

　　我認為這樣的立論與批評，是不太了解非洲的環境，也太不懂得阿伯特·史懷哲的偉大人格和高貴的救世情操了。坦白說，1930年代，德國是全球最大的強權國家，科學和物質水準也最發達。以阿伯特·史懷哲的優越條件，留在德國可過非常舒適的生活。但他的心裡從未考慮過這些，個人得失榮辱從不是他考慮的題目。對他而言，最重要的事，莫過於救助那些被遺忘的，困在地球上偏遠一角的，受苦受難的人們。在他的心裡，

人無膚色和貴賤分別，生命價值相同。他的字典裡沒有「歧視」這個字眼。

　　阿伯特・史懷哲經歷過第一和第二兩次世界大戰，還做過俘虜被關在集中營。也因長年生活在加彭的隆巴涅，難以抗拒非洲的燠熱氣溫，健康受損。特別是他的夫人海倫，因為不能適應非洲天時地理，長年的生病，必得返回歐洲養病，一家人分居天涯兩端，一別動輒數年。阿伯特・史懷哲也沒發過半句怨言。

　　阿伯特・史懷哲曾經舉辦過多場音樂會、演講，並出版著作，賺了許多錢，但這些錢每一分都花在建造醫院上。1953 年他得了諾貝爾和平獎，巨額獎金也都用來造痲瘋病院。他個人的生活十分簡樸，日子過的比任何一個中產階級的城市平民更簡單，住屋裡的陳設只有一床、一桌，兩個書架和幾把椅子，五十多年沒用電燈和自來水。

　　阿伯特・史懷哲不是不想用電燈和自來水，而是無力建發電廠和自來水廠。試想在非洲加彭那麼一個落後的地方，連一般日用品和食物都要靠歐洲進口，造發電廠和自來水廠需要的人力物力和高級技術，以阿伯特・史懷哲一個人的力量，辦得到嗎？建廠的龐大經費又從哪兒來呢？

　　我們應知，在那個世人皆視去非洲為畏途，普遍不把非洲人平等對待的時代，阿伯特・史懷哲不顧眾人的反對和自身的安危與前途，遠赴非洲為長久被遺忘的黑人服務，真誠的付出愛心，而且做到終生不渝，直到老死。這是何等偉大無私的高貴情操！此種境界，豈是任何一個坐在高度文明化的舒適廳堂裡，只為本身利益打算的

人，所能了解或批評的。

　　阿伯特‧史懷哲曾公開說非洲人是他的兄弟姐妹，非洲人則視他為神、為父，敬愛有加。他待了大半生的地方隆巴涅區屬於加彭。加彭一直為法國屬地，1960 年獨立為加彭共和國。體制雖變，他們對於阿伯特‧史懷哲的尊崇與愛戴卻絲毫未變。「愛」是鼓動阿伯特‧史懷哲去非洲的種子和原動力。結果是這個巨大的愛的力量，終於把種子灌溉成良田。

　　親愛的年輕朋友，依我的經驗，總覺得人在發育成長的過程中，喜歡給自己物色一個接近完美、值得學習的典範，作為未來人生道路上的一項指標。如果你們也是這樣想的話，阿伯特‧史懷哲可以作為一個很好的指標人物。他，是人類愛的典範。

寫‧書‧的‧人

趙淑俠

　　自幼愛好文學，卻是執業的美術設計師，到 1970 年代才走回到文學路上。出版不少長短篇小說及散文，如《我們的歌》、《賽金花》、《塞納河畔》、《西窗一夜雨》、《雪峰雪影》、《天涯長青》 等。並有三本翻譯為德語的小說。在歐洲生活了三十餘年，於 1990 年代初期，與文友創立「歐洲華文作家協會」。1998 年移居美國紐約。現任歐洲華文作家協會永久榮譽會長、海外華文女作家協會會長。

人類愛的典範

史懷哲

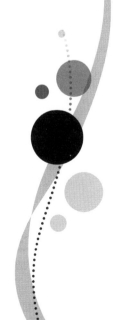

世紀人物 100

史懷哲

1875～1965

誰是阿伯特・史懷哲

　　年輕的朋友們，也許你們要問：誰是阿伯特・史懷哲？怎麼說呢？答案確實不是三言兩語可以解釋清楚的。我只能先簡單的告訴你們：他是一位仁慈、敦厚，充滿愛心，成就了助人救世的大事業的人。

　　事實上，阿伯特・史懷哲的名字，從歐洲到美洲、亞洲、非洲，地球上的每個角落，聽來都不陌生。他是諾貝爾和平獎及著名的德國出版協會歌德獎的得主。他一生寫了許多書，還被翻譯成多種語言。各國記述阿伯特・史懷哲生平事跡的專書，加在一起怕要達到數百種。

　　阿伯特・史懷哲得到舉世的尊敬與讚揚，被認為是「20世紀最有智慧的人物之一」、「世界

上最不自私的人」、「一個愛人勝於愛己的人」、「一個真正獻身於世的人」等等。非洲人對他的敬愛與崇拜更不用說，他們稱他為「上帝派來的使者」、「守護我們的神」、「敬愛的慈父」、「親愛的醫師先生」……稱號太多，無法一一列舉，不過由此可知，非洲人民對阿伯特‧史懷哲的愛是多麼的深。

中國民間有一句非常有智慧的諺語：「種瓜得瓜，種豆得豆。」這句話的意思，不是要我們為別人做了點事，就等著對方的回報；而是說，付出多少就會得到多少，種下什麼因就會收什麼果；如果不肯付出，當然毫無收穫。總之，就是鼓勵世人不要吝嗇付出，要多做善事的意思。阿伯特‧史懷哲能獲得非洲人如此的尊仰厚愛，當然不是沒有原因。因為阿伯特‧史懷哲在非洲做了

許多善事，讓他的大名在非洲無人不知，無人不曉。有關他的故事，當地居民都能如數家珍、津津樂道。

在那個多難的時代裡，無論是戰爭還是和平，也不管別人在做什麼，阿伯特‧史懷哲始終在非洲為那些長久被遺忘的人們，貢獻一己的力量。給他們治病，關心他們的教育，把愛的種子撒向遙遠又貧窮的荒蕪角落。他的寬宏仁慈，就像大海般無垠無際。無論生前死後，阿伯特‧史懷哲一直沒離開他們，他的墳墓就在非洲加彭的隆巴涅。

阿伯特‧史懷哲大半的人生是在非洲度過，不過當我們要講起他一生的故事時，還是得從他的成長背景開始。為了簡單親切起見，我們不須生疏的稱呼他為史懷哲醫生，索性就像他的家人和好友一樣，直接叫他一聲「阿

伯特」。

　阿伯特出生在德、法兩國交界的城市——阿爾薩斯。這個城市我們並不陌生，就是胡適翻譯的名著〈最後一課〉，記載小學裡最後一次上法文課的地方。舉凡邊疆城市，似乎都難逃悲慘的命運，阿爾薩斯也不例外。在阿伯特出生前的許多年，阿爾薩斯是法國領土，後來因戰敗割讓給德國。阿伯特出生時此地屬於德國，二次大戰後又回歸法國。

　阿伯特的父親洛第維西，是阿爾薩斯郊外一間小教堂的副牧師。母親安黛蕾是一位勤懇賢慧的家庭主婦，長裙外整天繫著一條花布圍裙。她終日忙於烹飪、清潔和烤美味的水果蛋糕。阿伯特出生前，史懷哲牧師夫婦已經有一個女兒，阿伯特是他們的第二個孩子。比他大一歲的小姐姐總是守在搖籃邊，咿咿呀呀的和

他講話。母親溫柔的把他抱在懷裡，用充滿憐愛的眼光，凝視著那張又乾又瘦，氣色一點也不健康的小臉，憂慮的說：「這孩子怕是有病，怎麼生出來就像個小老頭呢？」

「別擔心，神會保祐他。去看看醫生吧！」牧師這樣安慰他的妻子。其實，史懷哲牧師家生了一個體弱多病的孩子的消息，已經傳遍了教區，大家都說：「這孩子恐怕很難長大。」

阿伯特看上去的確像個容易夭折的孩子，他的父母雖然非常擔心，卻沒有什麼方法能讓他強壯起來。阿伯特出生不久後，他父親升為正牧師，並調回家鄉──德國中部大城明斯特附近的瓊斯巴哈鎮服務。

瓊斯巴哈地處高原，被層層的山丘及成片的葡萄田包圍，空氣清爽新鮮，所出產的牛奶也特

別營養。這個環境對阿伯特的健康很有幫助，沒多久，他的身體就變得強壯起來了。他母親後來又生了三個妹妹和一個弟弟，阿伯特便和姐妹兄弟們，在瓊斯巴哈度過快樂的童年。

阿伯特從小就顯得和一般孩子不一樣，在他七、八歲的時候，就表現出超齡的反省力、領悟力，以及豐富的同情心。這些性格上的特質，就連很多成年人也欠缺。

舉例來說，在那個生活缺乏保障與福利，也沒有養老金及醫療保險的年代，一般家庭的生活都很艱難；但牧師在當時享有崇高的社會地位，他們的收入雖稱不上豐厚，卻也比一般人家來得寬裕許多。所以史懷哲牧師家可以長年雇用僕人，孩子們也可以買一些高級的衣服和鞋帽。別人稱呼牧師家的孩子為「少爺」和

「小姐」，而且還會對他們表現出尊敬之情，這些待遇都令左鄰右舍十分羨慕。可是，年幼的阿伯特卻打從心裡排斥這種階級和物質享受上的區別。他非但不因自己的身分和較好的生活環境為傲；相反的，他感到很有罪惡感。

當他聽到別的玩伴沒有肉湯可喝，他在自家的餐桌上就拒喝肉湯；他也不戴母親到出名的店家買來的高級帽子，還說：「我要戴和別人一樣的帽子。為什麼我要和別人不同？」

阿伯特天生有一顆悲天憫人的心，別的孩子用彈弓打小鳥，他不願意效法，理由是：小鳥那麼可愛，為什麼要打死或傷害牠？他也不喜歡別人稱他為「少爺」，而喜歡聽人親切的叫他一聲「阿伯特」。

「阿伯特真是一個怪孩子，

和別的孩子都不一樣，小小年紀已是滿肚子的道理。」母親忍不住笑著對父親說。

「隨他吧！也許他生來就是個特別接近上帝，特別愛人的孩子。」阿伯特的父親說。

父親說得沒錯，阿伯特的確是個特別接近上帝的孩子。在幼年時，他每個週日跟隨父母到教堂做禮拜，對牧師講道的內容雖然不是全部都懂，卻一點也不覺得枯燥。每次在教堂裡看到熟悉的面孔，聽到美妙的聖歌時，都會讓他滿心歡喜。尤其當管風琴莊嚴的樂聲響起，他的心上就像有股小小的熱流輕輕流過，溫暖無比。在阿伯特的身高還攀不到琴鍵的年紀，就已顯露出對風琴的強烈興趣，每當別人彈奏時，他便用一隻小手打著拍子，有時還會跟著琴音一起哼哼唱唱。

阿伯特在父母的關愛和良好

的家教之下，逐漸的成長。他的少年時期，不像許多學者名人一樣，那麼好學勤奮，或表現出過人的機智；也不像一般年輕人那樣活潑好動。但他比實際年齡還要成熟的外表，和不時流露出的深沉眼神，依照中國人的傳統說法，應該是屬於「少年老成」那一類的人。

假如我們真的以為阿伯特是個沉默寡言、毫無主見，習慣逆來順受的人，那可就大錯特錯了。在他的內心深處，其實有個非常獨特的思考邏輯，別說同齡的孩子們難以了解，就是大人們也搞不清楚，他的腦袋裡究竟想些什麼？

阿伯特的情感豐富、感覺敏銳，一件在別的孩子看來一點也不重要的事，在阿伯特的心裡，卻往往激盪得波濤洶湧，無法平息。他不但努力研究問題的根

本，還要尋找解決的方法。「生命」，是他想得最多，也最感到困惑的問題。

生長於宗教世家，爸爸、爺爺都是牧師，阿伯特從一出生就生活在宗教的氛圍中。他深信，不僅人的生命是由上帝所賜予，舉凡人類所需的愛，和一切對人類社會有益處的，能夠幫助物質和精神發展得更好的事物，都是神的恩寵。他從不懷疑神愛世人；但讓他不解的是，神既然愛世人，對世人如此寬厚仁慈，為什麼人世間始終存在著不平與黑暗？為什麼還是有這麼多受苦受難，為貧窮和病痛所折磨的人？

在成長過程中，阿伯特看到許多不公平的社會現象，譬如有幾個功課比他好的同學，因為家境貧窮，繳不起高昂的學費，只得放棄升大學的機會，去讀職業中學。在職業中學裡，雖然能習

得一技之長，但未來只能做個技工或低層的機關職員，無法再繼續向上發展，阿伯特很為他們感到可惜。另外，那些可愛的小動物隨意被人捕殺，也常讓他感到難過。

瓊斯巴哈是個四面環山的小鎮，濃密的森林是孩子們遊戲的天堂。森林中常有小動物出沒，如野兔、松鼠、長角鹿、小狐狸等，還有許多有著美麗羽毛的小鳥。在這裡，孩子們和獵人們經常用彈弓或槍，獵殺這些沒有反抗能力的無辜生命。阿伯特覺得這些動物無辜也無害，和人類一樣熱愛生命和自由，為什麼人類卻要殘忍的殺害牠們？那會使他們感到快樂，有征服感嗎？難道身為人類，就有高於其他物種的優越地位嗎？

當同年齡的青少年在為多愁的青春煩惱時，阿伯特卻努力思

考這些有關生命根源的問題，最後他終於找到答案：世界太大，上帝顧不到每個角落，所以有許多的事需要我們來幫忙。

他說過這麼一句話：「我們必須共同擔負起，存在這世界上的不幸與悲哀的沉重擔子。」這句名言至今仍懸掛在瓊斯巴哈「史懷哲之家」的牆壁上。阿伯特一生依著這個信念前進，成就了他後來救人救世的偉大事業。

2 終生摯愛管風琴

　　世人都知道阿伯特是醫生、作家和神學家，但知道他也是位音樂家的人並不多。主要是因為他的成就和才能太廣泛，所以讓人忽略了他在音樂領域的傑出表現。阿伯特會玩好幾種樂器，如鋼琴、小提琴和橫笛等。可是真正精通，並多次登臺演奏的，是他最早接觸的樂器——管風琴。

　　阿伯特喜愛管風琴，可說是家學淵源。他的外祖父希林基牧師是位著名的管風琴研究者和演奏家，雖然算不上什麼音樂大師，卻把一生獻給管風琴。希林基牧師不僅經常在教堂和家裡演奏管風琴，還深入研究管風琴的構造，能夠自己動手製作。他有個習慣，不管到什麼地方，只要那兒有架管風琴，他一定會仔細

觀看研究。阿伯特之所以能成為出名的管風琴家，固然是因為他在這方面有天分，但外祖父對他的影響也是一個重要的原因。

希林基牧師很早就過世了，所以阿伯特沒有直接被外祖父教導，他只能從童年回憶中，捕捉一些朦朧的影子。他記得外祖父曾牽著他的小手，爬上碧草如茵的小山崗，走進尖屋頂、有五彩玻璃的古老教堂，彈奏管風琴給他聽。他站在外祖父身邊，著迷的看著他手和腳的姿態，清越又典麗的琴聲從琴中流瀉出，衝擊他小小的心靈，使他產生一種無法言喻，感動無比的快樂情緒。

阿伯特五歲開始學琴，啟蒙老師是自己的父親。那時他彈的只是個箱型的土製小風琴，是外祖父遺留下來的。簡陋的樂器一點也沒影響到阿伯特學習的興趣和進度。他一上手就表現不凡，

記譜的能力也強，練習幾次之後，就能不看譜而彈出整首曲子。六歲那年，阿伯特上了小學，每逢音樂課時，他都會大顯身手，彈奏一些連老師都不大會彈的曲子給大家聽。有時老師彈鋼琴，他就以風琴伴奏，他的表現讓那位文靜的女老師十分高興。有次見到阿伯特的父親，女老師當面讚美說：「阿伯特在彈琴方面有天分，將來會成為名家。」

父親聽了當然很高興，其實他早就看出兒子在音樂上的過人才華，還曾幾次對妻子自我調侃說：「說不定我們的兒子是另一個莫札特，那我就是莫札特那個無才的父親嘍！」莫札特的啟蒙老師也是自己的父親，兒子有絕世的才華，父親卻很平庸，兩人相差極大，是世人皆知的事。但做父親的只會為此驕傲，絲毫沒有忌妒之心。每當他父親這麼說，母

親一定回說:「阿伯特遺傳了他外祖父的音樂天分,你又教得好,我是多麼以你們為榮啊!」

　　阿伯特八歲開始學習教堂裡的管風琴,一年後,就被指定為教會裡的代理司琴,這對九歲的阿伯特來說,是個極大的鼓勵,使他更投入於彈奏管風琴。他勤於練習,偶爾還會在禮拜時代替司琴人員彈琴,在體積龐大的管風琴前,他覺得意氣風發、志得意滿。無論在學校、教堂,或其他場所,只要他彈起琴,總是贏得一片讚美聲。他越來越有信心,甚至有點驕傲,以為未來的管風琴大師已經誕生,就是他——阿伯特・史懷哲。

　　於是他在彈琴前既不先看曲譜,也不研究樂章的內涵,總是邊看譜邊彈;有時乾脆連譜也不看,只按照自己的感覺彈奏樂曲。這個情形直到阿伯特上七年

制的正規中學時才突然轉變。

　　新學期開始的音樂課，阿伯特一心期待著音樂老師的到來。他想，這位初次見面的老師，一定會像以前聽過他彈琴的人一樣，大大讚美他的琴藝。

　　老師進來了，是位瘦長身材的中年人，名叫奧亦甘‧勉西，據說是柏林音樂學院的畢業生。他除了在學校擔任音樂教師外，也在出名的聖史帝芬大教堂擔任管風琴演奏手。勉西先生掃視了他的學生，還讓大家站起來介紹自己學過何種樂器，練習了幾年？輪到阿伯特時，他從容的說:「我五歲就開始學琴，已經有七、八年的時間了。」老師聽了直點頭，並立刻叫他彈奏一曲。

　　阿伯特彈了一段莫札特的奏鳴曲，彈完就直挺挺的坐在琴椅上，等著老師的讚美。出乎意料之外的，勉西先生一句話也沒

說，只「嗯，嗯」了兩聲，就叫下一位同學表演。勉西老師的態度，使阿伯特嘗到自學琴以來的第一次挫折感。「這是怎麼回事呢？我做錯了什麼嗎？」他茫然的自問著。

這件事困擾了阿伯特好幾天，直到勉西先生叫他去談話。「聽得出來，你是個有天分的孩子，可是你的學習態度不對。你彈莫札特的作品，沒彈出曲子的精神，你按琴鍵，就像鐵匠用石錘敲打燒熱的鐵。只聽見鏗鏗鏘鏘，聽不出曲子中的感情。」

阿伯特被說得滿臉通紅，好一會兒才冒出一句：「那怎麼辦？我一向都是這麼彈的。」

「別著急，你很有天分，有辦法解決的。」勉西先生和善的安慰阿伯特，接著告訴他彈琴必須注意的事情。其中最重要的一點，就是不要一拿到曲譜就立刻

彈奏，而要仔細的研究、體會和了解這首曲子，並知道該用什麼方式彈奏它。「不要把風琴當成表現技巧的工具，而要把你的感情放進去，透過彈奏，讓感情和曲子融為一體。有感情的音樂才會真正的優美動人。任何一個要做音樂家的人，都得做到這一點。你能嗎？」勉西老師慈祥的看著他。

「我會努力的。」阿伯特連連點頭。

勉西老師的一番話，讓阿伯特茅塞頓開，也讓他逐漸懂得音樂的真髓。此後，他就照著老師所教的方法勤快的練習。當別的孩子在操場上玩耍嬉鬧時，他多半在琴間努力練琴。老師很快的就看出了他的進步，一方面繼續鼓勵他，另一方面也給他一些新曲譜讓他練習。阿伯特彈了孟德爾頌的〈無言之歌 E 大調〉，也

彈了其他名家的作品，彈得最多的，當然還是他熟悉的莫札特的作品。

有一天，老師從背後走來，拍拍他的肩膀，交給他一疊巴哈作品的曲譜。阿伯特發現在彈奏巴哈的作品時，有種特別的感動，他每天辛勤練習，不知不覺就成了巴哈迷，只要見到巴哈的作品，不管屬於哪種樂類，都要在風琴上彈一彈。日後，阿伯特成了舉世聞名的巴哈樂曲的演奏家和巴哈專家，與他少年時代對巴哈的崇拜脫不了關係。

十五歲時，阿伯特正式拜勉西為老師。老師非常疼愛他，還為他安排表演機會。先是在聖史帝芬大教堂的管風琴上教他彈琴，一年後，就常常讓他在禮拜時代替自己擔任司琴。每當這個時候，阿伯特的內心就感到激動不已。

一個十六歲的少年，在美輪美奐的大教堂裡，數百人的集會中，坐在管風琴前慎重的彈奏聖樂，莊嚴和諧的聲音從巨大的金屬管中發出，激盪著阿伯特年輕的心。他覺得胸腔寬敞得像無垠的天空，思緒彷彿是長了羽翼的鳥兒，恣意的翱翔。幸福與溫馨充滿了他的胸腔，他是多麼幸運啊！可是，他又想到世界上有那麼多貧病和窮苦的人，他是多麼渴望把自身的幸運與眾人分享。救世的情懷融入他的手指，使他的琴音格外感人。

阿伯特生平第一次的音樂會便是在這時舉行的，並由勉西老師親自指揮教堂的聖樂隊。當地報紙和教堂外的告示牌上，都用醒目的標題寫著「阿伯特·史懷哲個人管風琴演奏會」，並由聖樂隊演唱布拉姆斯的〈安魂曲〉。

　　整場演奏十分成功，並得到各方好評，阿伯特為此又興奮又感動。直到晚年，當他提起生平第一次的演奏會，仍津津樂道、眉飛色舞。

　　胸懷大志的阿伯特並不以此為滿足，勉西老師只能算是為他打開了音樂之門；真正帶他進入音樂的殿堂，助他創造自己藝術天空的，是後來的幾位音樂家。其中最重要，指導時間也最長的，是巴黎的歌而立‧維多。

　　1893 年，阿伯特通過高中畢業會考，決定在秋天進入著名的薩爾斯堡大學。開學之前，他興致勃勃的到巴黎一趟，想要拜訪心儀已久的管風琴大師維多先生。維多是當時的管風琴大師，他作風嚴謹，不肯輕易收學生，兩次拒阿伯特於門外。但阿伯特並不死心，不斷的請求維多指點，維多終於被這好學的青年感

動了，叫他試彈一曲巴哈的作品。阿伯特彈到一半，原來靠在椅背上的維多挺直了腰桿，等曲子結束，他輕拍了阿伯特的肩膀說：「安排時間來上課吧！」從這一刻起，阿伯特才真正走上音樂之路，他刻苦勤練，努力達到老師的種種要求。

然而，阿伯特需要努力的事情並不只有音樂而已。薩爾斯堡大學的神學系和哲學系歷來名聲響亮，教授中不乏大師級的學者，這兩門科目又是阿伯特最渴望學習的。所以他同時主修兩個學系，週末則買張三等票，搭火車到巴黎上音樂課。體力上的沉重負擔把他壓得疲憊不堪，經濟上的拮据更使他難以應付。父親做牧師的收入，供他上有名的大學已經不容易，實在無法再額外支付金錢讓阿伯特學習音樂；阿伯特也從不向父母開口要求幫

助，只是拚命的節省，往往把每日三頓飯減為兩餐，餓著肚子練琴。

維多老師很快就知道阿伯特的困境，不僅免去他的學費，還經常帶他到盧森堡公園旁的一家餐館去吃烤羊排，「你要敞開胃口盡量的吃，法國菜出名得很哪！哈哈！」維多老師看他吃得津津有味的樣子，高興的開起玩笑來。

維多知道阿伯特的前途不可限量，將來在藝術上必成大器，因此早就把這個學生視為繼承他衣缽的傳人。除了將自己所知傾囊相授外，還介紹他去向幾位音樂家學習。例如被公認為首席鋼琴家的瑪莉・特婁曼女士。她是一代音樂大師弗蘭茲・李斯特的入室弟子，現在退而不休，專心研究手指接觸琴鍵時的姿態和感覺。「你如果想成為第一流的風

琴演奏家，非得徹底弄清楚手指接觸琴鍵的訣竅不可。」維多老師語重心長的告誡，讓阿伯特明白，世界上沒有輕而易舉的成功，也不應該抱著僥倖的念頭。音樂之路既長且遠，要一步一腳印，實實在在的踩下去才行。

3 最幸福的人

　　儘管許多人在年輕的時候，常覺得自己徬徨、無助又苦悶；但年輕的阿伯特卻認為自己是最幸福的人。他從小就表現得比同齡的孩子成熟，他非常細心，喜歡觀察身邊的人、事、物，乃至各種動物，並寄予同情。念小學的時候，有位同學的母親去世了，那個同學哭得很傷心，阿伯特也難過得幾乎落淚，心裡想：「他失去母親是多麼的不幸啊！我又是多麼幸運，媽媽能在我身邊照顧我、疼愛我。」

　　阿伯特也很早就領悟到親情是不可磨滅的天性，這種可貴的天性不僅存在於人類世界，也存在於動物世界裡。當他看到天空中飛翔的小鳥，就會想到：「牠的窩巢裡恐怕有牠的媽媽或孩子在

等著吧！」所以在別的玩伴用彈弓打鳥取樂時，阿伯特從不參與。即使因此被譏笑膽小，他也不改變心意。

　　小學畢業後，阿伯特和大部分的同學一樣，進入當地三年制的職業中學。這類學校專門培育職業人才，畢業後，學生們到工廠、銀行或商業機構去做學徒，三年期滿，便可正式成為那個行業的技術人員。不過有志想升大學的人並不適合，因為這類學校不學拉丁文和希臘文，其他的功課也比七年制的中學低落許多。

　　阿伯特的父母決心讓他讀大學，他在職業中學僅讀了一年，一位在法國邊界城市彌爾豪森當小學校長的叔公，也來催促：「叫阿伯特快點來，越晚越跟不上進度。」嬸婆也說：「就讓他在我們家吃住，我還可以照顧他。」叔公嬸婆沒有小孩，對阿伯特非常疼

愛。阿伯特隨著他們到彌爾豪森，加緊預備功課，順利的考入七年制中學。

　　然而，出乎意料的是，平日話不多、看起來溫柔和藹的孏婆，竟然比阿伯特所遇到的任何一位老師都還要嚴屬。每天幾點起床、上學、放學、做功課；何時練琴、吃飯；晚飯後必有半小時的散步、晚上幾點上床，全有規矩。如果不照規矩做的話，孏婆就會說：「阿伯特，你看看幾點鐘了，怎麼還不加把勁！」或是：「記住，彈琴不能光用手指，也要用心。沒有心的東西就不是藝術。」

　　剛開始的一個月，阿伯特感到很不耐煩，心裡想：「孏婆真的閒得沒事可做嗎？為什麼整天把注意力放在我身上，管東管西的！這種日子還真不好過！」這時，他就禁不住懷念起在瓊斯巴

哈的家來。母親每日忙於家務，並不督促孩子們要做什麼事；父親雖然比較嚴肅，但和嬤婆相比，也溫和得多。他想起晚飯桌上，母親從廚房裡端出熱騰騰的菜餚，一家人圍著桌子坐著，父親帶領全家，在香氣撲鼻的小飯廳中做祈禱，是多麼的溫馨啊！餐後弟弟妹妹們會纏著他，要他說故事，他總是不厭其煩的把講過無數遍的《聖經》故事，再生動的講給他們聽。從弟弟妹妹們崇拜的眼神中可以看出，這個大哥在他們的心中，是多麼的博學多聞啊！哪像現在，這個大哥被管得像是什麼都不懂的幼稚園學生。

有一天，嬤婆敲了敲阿伯特的門，邀他一起去散步，「太陽多好啊！不出去走走太可惜了，回來再做功課吧！」嬤婆的聲音溫和，表情也和往常一樣平淡，卻

讓阿伯特有受寵若驚之感。

那是個典型的阿爾卑斯山區的秋天，萬里無雲，陽光從樹葉的縫隙間灑落，把滿是落葉的地面照耀得燦爛亮眼。阿伯特和嬸婆在林間漫步。「阿伯特，別怨嬸婆管你太嚴，因為嬸婆知道你是個不平凡的孩子。我說不平凡，不光是指你的天資，更重要的是你的個性。你的心很柔軟，但也很大，將來會想做很多很多的事，這樣的人必須學會分配時間，既要勤快又要細心，免得浪費自己的靈性和精神⋯⋯。」嬸婆一邊走一邊閒聊似的說著。阿伯特聽了非常驚訝，不懂嬸婆怎麼會有一對透視眼，能看穿他心中的想法！

阿伯特很早就有自己獨特的想法：七、八歲時，他看到小鳥、小鹿和小狐狸之類的野生動物，因為沒有遮風避雨的地方，

所以只能流離失所，多麼可憐，便想為牠們造個家。後來知道鎮上的一些窮苦人家，平常只喝牛奶、吃奶酪和黑麵包果腹，很難得才能吃到肉，就希望有一天能養許多豬和牛，讓家家戶戶都有肉吃。可是轉念一想，豬、牛都很善良，也沒妨礙到誰，怎麼可以隨意屠殺呢？他立刻為這個想法感到慚愧。

　　他也發現，有些小學同學因為家境貧窮，所以沒辦法讀中學；也有一些功課優異的同學，因為家庭環境的限制，只能選擇職業中學就讀，而無法進大學深造。相比之下，他實在太幸運了，不只父母長輩們用盡心思來栽培他，幫他製造進大學的機會；嬸婆還撫養他、督促他，幫他完成內心的偉大夢想。

　　阿伯特被嬸婆的愛深深感動了，同時也為自己的幼稚無知感

到愧疚，他責備自己：「我怎麼看不出上天有多麼眷顧我，照顧我呢？周邊的人全這麼愛我，父母給了我健康的身體和頭腦；老師教導我，給我機會學習；嬸婆為了培育我成材，如此費心，投入這麼多的關愛，她是何等的慈祥偉大啊！」從此阿伯特再也不埋怨了，心甘情願的聽從嬸婆的教導，兩人之間漸漸有了默契。許多年後，阿伯特成為世界名人，在他寫回憶錄時仍提到：「在我成長的歲月中，嬸婆的教誨功不可沒。她是位嚴肅的婦女，慈祥、智慧並有愛心。」

阿伯特的少年時期，大多在彌爾豪森的叔公家度過，只有在學校放假時，才回到瓊斯巴哈與父母及弟妹們團聚。放假時，在家鄉蒼綠的松樹林中散步，享受母親特地為他烹煮的酸菜和小白腸子。開學後回到彌爾豪森，叔

公嬸婆便張開溫暖的臂膀迎接他。在嬸婆的督促下，他已學會熟練的支配時間，什麼時候做什麼事，一分鐘也不浪費。他的功課不斷進步，成績優異。演奏風琴方面，叔公託人把他介紹給維多先生。向來不肯輕易收學生的維多先生，不但收了他，還打算培植他成為入室弟子。阿伯特勤快的練琴，彈奏技巧漸有長進，常常得到老師的讚許。

忙碌的日子過得飛快，阿伯特自覺在叔公家的六年真的沒有白過。從初中到高中畢業，又順利的進了著名的薩爾斯堡大學主修神學，並拜在著名的《聖經》學者霍斯曼和哲學家第格雷門下。教授們知道他來自牧師家庭，以鄉村牧師有限的薪資，要維持一家七、八口人的生活，並不容易，便幫助他申請獎學金，減少他的後顧之憂，使他能夠更

專心的學習。

十九歲那年，阿伯特去服了一年兵役，行李中除了換洗衣服外只有書。閱讀、學習、思考的過程，對他來說太有趣了。每當讀到能啟發心智，引人深思的好書時，他便情不自禁的被深深感動，感嘆說：「該學、可學的東西太多了。人生有限，怎麼學得完呢？」

阿伯特在學習中得到快樂和滿足，但有時他也會想：為什麼我的生活這麼順利？想要什麼都能得到？在這個世界上，每個角落都有受苦的人，他們想要的東西都得不到，生活在失望與磨難之中，我卻在這裡無憂無慮的吸收新知、過幸福的日子，相比起來多麼的不公平，我只安於自己的幸福，未免太自私了吧！

枉顧他人痛苦，只知獨善其身的愧疚與不安，隨著年齡的增

長，漸漸的在阿伯特的心裡生了根，成為他內心最大的困擾。努力學習、鑽研學問、彈奏風琴，是他生命中不可或缺的一部分；而助人救世則是他應負起的責任，他希望能奉獻自己，並做些實際的幫助。他想，雖然救不了全世界的人，至少可救一部分的人吧！只可惜，沒人能了解阿伯特的想法，大家都認為他是在強說愁。「要啥有啥正是主賜給的恩惠，你還想要什麼呢？」甚至連父親都這麼說。所以他決定獨自尋找奉獻世人的方法，不再對別人提一個字。

復活節的假期，阿伯特照例回家探望父母弟妹，一家團圓。那天，一覺醒來，已是陽光滿室。春天的草香味，隨著清脆的鳥鳴聲，從窗間淡淡傳來，沁人心脾。阿伯特被小屋裡溫馨的氣氛所感動，覺得思緒比平常更加

清明順暢。就在這時，困擾他許久的疑惑也解決了：「我要把人生分成兩段，三十歲之前努力學習，充實自己。三十歲之後把生命獻給大眾，去幫助不幸的人脫離苦難。」

目標決定了，阿伯特的心也定了，雖然還不知道要用什麼方法實行，他能確定的是心意永不改變。三十歲後的阿伯特・史懷哲是屬於大眾的，不管用何種方式去服務人群，都會全力以赴。

自築人生路

　　當目標決定了，阿伯特的心情也頓時開朗起來。反正三十歲之前的時間是屬於自己的，不必有任何顧慮，要做什麼就放手去做。於是他努力念書，二十三歲時通過神學系的畢業考試，緊接著又通過牧師資格考試。但他不以此為滿足，想繼續攻讀碩士，並爭取到每年一千二百馬克的「研究獎學金」，給他的題目是與「最後晚餐」相關的考證和研究。

　　到巴黎拜在名家門下繼續學習音樂技藝，是阿伯特的宿願，此時他真的去了。在巴黎，他學鋼琴也學風琴。那時，少年時期的恩師勉西病逝了，阿伯特很懷念他，便用幾個月的時間，寫了一本名為《奧亦甘・勉西》的傳

記，表示對勉西老師的紀念。阿伯特自小就有很多夢想，其中之一是希望有一天能像名作家一樣，寫出有價值的書。當印刷精美的書擺在書店的架上，許多讀者前來購買，也許還有人會說：「我喜歡阿伯特‧史懷哲的作品，他的思想與我相近」呢！但他只敢偷偷幻想，從不敢對別人透露。畢竟，出版一本書是多麼不容易啊！有哪一位出版商願意出版不賣錢的書呢？因此，儘管他覺得心中的題材多得寫不完，卻不敢奢望有一天這個夢想能夠實現。

《奧亦甘‧勉西》的出版，對阿伯特是相當大的鼓勵。他告訴自己「只要肯做，天下無難事」，於是在讀書、研究、工作之餘，他每天都抽出空閒時間寫作。二十四歲時，他出版《康德的宗教哲學》，二十五歲寫出有

關「最後晚餐」的論文，題目是〈根據19世紀科學研究和歷史記載對最後晚餐問題的考證〉，並因這篇精采的論文獲得神學碩士學位。接著，他獲得聖尼古拉教堂的副牧師職位，跟隨兩位老牧師做傳教工作。

阿伯特的靈感源源不絕，幾乎每年或隔一兩年，就出版一本作品。他坐在書桌前振筆疾書時，總感到靈感如泉湧，那就是他最快樂的一刻。二十六歲時，他完成了極受宗教界重視的《救世主與受難的奧祕——耶穌生平的素描》一書，並於當年出版。因為這本書的論點很有創意，文字又精簡順暢，讓他得到大學神學系講師的工作。

二十七歲就當上大學講師，在當時的學術界來說是相當的年輕。才氣與名聲都受人肯定，換做是別人可能早就躊躇志滿、不

可一世了，阿伯特卻不然。他並不在意自己出不出名，或別人如何看待他，他的注意力仍放在努力學習、充實自己，好為人類服務。

阿伯特一方面教學、寫作，一方面也繼續投入對音樂的研究，特別是對巴哈。巴哈的作品他彈得最多，巴哈也是他與維多老師共同的偶像。維多不懂德文，許多有關巴哈的資料都得靠阿伯特翻譯，這就更加深了阿伯特想寫巴哈傳記的念頭。三十歲生日那天，他用法文撰寫的《巴哈傳》終於正式出版。

同一天，另一件值得祝賀的事，就是他終於找到一條明確的助人之路。

在此以前，阿伯特嘗試過幾種助人的方法：譬如利用教會分派給他專用的房子，收養失去父母的孤兒；或騎著腳踏車，到需

要幫助的人家去幫忙。但事情並不如他所想的那麼簡單，因為收養孤兒要經過繁雜的手續，況且也不能由牧師個人做這件事，得由教會出面才行。至於親自到府幫忙，更令民眾覺得不習慣。他們認為牧師的地位莊嚴又尊貴，怎麼能騎著腳踏車到平民的家裡去服務？如果有人需要幫助，應該自己到教會專門提供協助的部門前排隊申請才對呀！

阿伯特深深的感覺到他的想法與許多教會裡的人不同，他就是因為不忍心看民眾排隊枯等，才自己騎車到府服務啊！牧師為何不能騎腳踏車？腳踏車不就是造來給人使用、予人便利的嗎？

幾次失敗的經驗下來，阿伯特覺得，服務人群的事，一定要有自己的構想和計畫，不必屬於任何組織，也不必與哪個機構或個人合作。於是他決定要以個人

的力量，達到救世助人的理想。「有志者事竟成」，以他好強又執著的個性，不怕做不成事情。可是到底要做什麼，卻還是沒有明確的目標。直到三十歲生日的前幾天，他順手翻開一本其他教會寄來的小冊子，裡頭有一篇報導非洲大陸的文章，當他看完這篇文章後，彷彿得到上帝親臨指點般，立刻清楚的知道自己未來要走的路。

　　文章作者是巴黎傳協會的會長，他不久前才從剛果視察回來，並將此行的所見所聞寫下來。文中對非洲地區的貧窮、落後、無助及民智未開有詳盡的描寫：那裡四季炎熱，傳染病整年流行，瘧疾、霍亂以及一些罕見的熱帶傳染病，時時威脅著人們的生命。嬰兒的死亡率奇高，孩子們沒有足夠的營養和食物，他們十分需要醫療人員和藥品。然

而，那麼落後的蠻荒地區，生活既危險又不方便，除非真有勇於獻身的慈悲仁者，否則沒人肯到那遠離現代文明的黑色大陸的！

阿伯特把文章從頭到尾看了兩遍，思緒非常的清楚，他對自己說：「每個生命都是主的兒女，為何有人要過那麼痛苦的生活？去幫助他們，正是我要做的。」

三十歲的阿伯特集神學家、哲學家、音樂家的頭銜於一身。寫作不斷，表現傑出，在德、法兩國已有相當的知名度。加上外表生得俊秀，氣質脫俗，任何人都看出這個年輕人前程似錦，未來的成就難以限量。阿伯特很明白周遭所有的人對他的期待，包括自己的父母和師長。所以他一點也不敢透露要去非洲的計畫，免得招來反對和阻擋。直到他申請進入醫學院就讀，這個天大的秘密才洩漏出來。

當時，醫學院的教授忍不住問他說：「我沒聽錯吧？史懷哲牧師，你是說想到醫學院做一名新生？為什麼啊？」

「您一點也沒聽錯，我要到非洲去工作。那兒最缺的是醫護人員。我必須讓自己成為一名醫生。」阿伯特平靜的說。

消息一傳開，驚訝、勸阻、猜測便似浪濤般湧來：「像阿伯特這麼優秀的人，居然要去非洲，不是糟蹋自己嗎？」「他為什麼要去非洲？難道有不如意的事情？」「也許是一時衝動的決定，最後終會改變的。」種種的議論，不時傳到阿伯特的耳裡。他不辯解也不生氣，甚至不受任何影響，一心只想為未來到非洲做準備。唯一讓阿伯特感到困擾的，是恩師維多和父母的強烈反對。

「你早已不是小孩子了，應該懂得自己的前途在哪裡？要是

你真的要到非洲，豈不等於放棄這裡的一切。你難道不明白嗎？只要繼續努力下去，美好的成果必定屬於你。為什麼……唉！非洲，那個蠻荒之地，連教會裡最平庸的牧師都不肯去的地方，為什麼你要去？」一向冷靜的父親，氣得語無倫次。

母親則是發動淚眼攻勢：「阿伯特，我的兒子，你絕對不能去非洲，那個地方落後到極點，疾病橫行，對你是危險的。媽媽怎麼放心啊？」母親哭得眼睛都紅了。

阿伯特只能勸她說：「媽媽，那些非洲人也是他們父母的兒女啊！正因為他們的處境艱困，我才不能不去幫忙啊！」

維多老師反對得最為強烈，他用他平時彈琴的手，把桌子拍得砰砰響，「荒謬，荒謬！三十歲的音樂家突然去做一年級的醫

學院學生，為的是要去非洲探險，給黑人治病。你別是自己先病昏了頭吧！你知道的，我不喜歡收學生，可教了你十幾年，今天的阿伯特・史懷哲在樂壇上是個響亮的名字，你倒是把他送到非洲去鬥獅子，讓我這多年的心血付諸東流。幼稚、荒謬，快快打消這個古怪的念頭。」

「老師，每個生命都是神聖的。老師放心，音樂是我一生的伙伴，我永遠不會停下彈琴的手。」阿伯特平心靜氣的回答維多老師。

幾位至親的強烈反對，一點也沒動搖阿伯特要去非洲的意志，他冷靜又有耐心的做著準備工作。

阿伯特是醫學院最年長的學生，同年級的同學平均小他十歲，但他一點也不在意，虛心向學，不恥下問，一直保持著好成

績。在修習醫學課程期間，還完成了好幾部著作，在他三十一歲那年的夏天，出版一本研究耶穌生平的著作《從賴馬瑞斯到沃雷德》，三十三歲時，德文版《巴哈傳》問世。

阿伯特在寫作時全心投入，研究和考證也做得很仔細，加上文字的精鍊典雅，所以每本著作都得到文化界的重視。他被認為是未來的明日之星，「阿伯特‧史懷哲」這個名字，不論在學術界、文哲界、宗教界，乃至音樂界都非常響亮。他要去非洲助人的事，逐漸被人們所淡忘，大家既不認真看待，也無興趣提起了。

這幾年來，阿伯特很少提到要去非洲的計畫，加上他又有了一位親密的女友。這個女性外表高雅大方，是一位教授的女兒，名叫海倫‧布絲黎。她的出現，

讓阿伯特周圍的人，包括他的父母姐妹在內，都大大的放心了。畢竟去非洲是令所有女人都害怕的事情，更何況是像海倫那麼文雅的大家閨秀。

「我們阻擋不了固執的阿伯特，現在上帝派了海倫來管他，看他聽不聽！」他母親胸有成竹的說。

事實上，大家都猜錯了，阿伯特要去非洲的計畫一點也沒改變；而海倫根本就沒反對他去非洲，她是阿伯特所有親友中，唯一贊成他去的人。阿伯特在三十四歲時，通過解剖學、生理學、自然科學的考試。三十六歲，通過外科考試，取得醫生資格。這段期間，海倫也默默的去接受護理訓練。她下定決心要陪伴阿伯特遠赴非洲，助他完成濟世救人的偉大夢想。＊

成為醫生的隔年春天，阿伯

特辭去大學講師及牧師職位，6月與海倫舉行婚禮，緊接著，這對新婚夫妻就一頭栽進非洲之行的籌備工作裡。海倫忙著採買，收拾家中物品。非洲物資缺乏，所以哪怕微不足道的牙膏、肥皂、衛生紙都得帶去，阿伯特忙的則是另一方面。行醫助人總得有個診所，教會提供的資訊上說，因為那裡沒有什麼建築物可以租用，房子得自己造，所以阿伯特每天為了籌款而奔走。

阿伯特的執著，使原來強烈反對他的親友大受感動，紛紛伸出援手。有的捐款，有的想辦法為他宣傳，找有能力的私人和機構贊助。薩爾斯堡大學的同事們，和他原先服務的教堂的信眾最為熱心。為了去非洲的計畫，

放大鏡

＊此時，阿伯特說了一句很出名的話：「我們必須共同擔負起，存在這世界上的不幸與悲哀的沉重擔子。」

曾嚴厲責備他的維多老師，也成為他最積極的支持者，還開了多次音樂會為他募款。經過幾個月的努力，旅費、興建診所和購買藥品的費用，以及診所第一年的開支，大致有了著落，數目雖不多，至少可以成行了。

令阿伯特感到意外的，反倒是教會方面的反對。理由是他曾在著作中對教會有所批評，所以教會不允許他到非洲去「誤導」當地人民。無奈的阿伯特只好硬著頭皮去求助於他曾批評過的教會理事長。沒想到理事長十分寬宏大量，非但不計前嫌，還一口答應替他說服反對者。阿伯特本人也謙恭的去拜訪每一位委員，誠懇的解釋他為何要去非洲的原因。最後雙方各退一步：阿伯特在非洲只行醫救人，對信仰的事不可參與。也就是說，到非洲後的阿伯特只是個醫生，而不再是

傳教士。

　　1913 年 3 月，阿伯特和海倫終於離開故鄉瓊斯巴哈，前往遙遠又陌生的非洲了。從為了去非洲而學醫，到真正成行，已經經過八個年頭了。一大群親友在車站送行，母親和姐妹們流著淚，說著祝福的話。阿伯特則深深感動，對於自己能被這麼多人所關愛而感到幸福；另一方面，去為不幸的人，謀求一點幸福的心，也更加堅定起來！

5 擁抱黑色大地

在前往非洲之前，他們先去了一趟巴黎，因為駛往法國屬地剛果的遠洋油輪「歐羅巴號」，停泊在離巴黎兩個小時車程的波亞克港口；另外一個原因，則是要去向維多老師道別。維多老師與阿伯特之間的感情勝於父子，為了阿伯特的非洲之行，維多老師特地召集了幾位製琴高手，為愛徒製造一架用特殊木材製成的精緻風琴。這架風琴即使在炎熱的熱帶氣候下，也不會變形走音。

阿伯特夫婦在巴黎停留了三天，與老師和師母共話家常。維多老師不僅勉勵他，還為他在聖修庇大教堂，用那裡出名的管風琴，舉行了一場送別音樂會。

1913 年 2 月 26 日，阿伯特夫

婦登上「歐羅巴號」，開始了他們嶄新的人生。航程預計五個星期，沿途還會在幾個港口靠岸。當船停泊在達卡港時，阿伯特下船去見識一下非洲景觀。不料第一個印象就令他痛心不已。他看到一輛由一匹馬拖拉的木板車，車上堆著如山的木材，頂上還坐著兩個黑人。那匹馬向前伸長著脖頸，艱難緩慢的邁著步子。坐在上面的人卻不斷的吆喝，打在馬背上的皮鞭舞得刷刷作響。

「怎麼可以如此虐待動物！」阿伯特對他旁邊的兩個伙伴說。這兩人一個是長駐非洲的軍醫，另一位是經常在歐非之間旅行的商人。

「如果看不慣虐待動物，你就沒辦法在非洲生活。」兩人幾乎異口同聲的說。

阿伯特和那位軍醫談得很投機，從中得到不少在非洲生活的

實貴知識。

「你一定要戴帽子，不管日出日落都要戴，帽子上破個洞都不行，得了『日晒病』可不是好玩的。高燒一發就不退，輕一點的腦子會燒壞成白癡，嚴重的則會喪命。」

「我駐紮在加彭的首都，離隆巴涅有一段路程，一條命給磨練得像鋼鐵一樣。那地方有一些奇奇怪怪的疾病，怕你聽也沒聽過，在歐洲醫學院的教室裡更沒學過。當地居民有許多習俗是愚蠢加野蠻，叫你倒足胃口。希望你不至於待不到一年就打道回府。我是沒辦法，誰叫我是國家的軍人，即使不喜歡也得待下去，不過時間一長也就習慣了。」軍醫很健談，常常讓阿伯特聽得津津有味。

船行得慢，4月14日才到非洲歐格威河河口的城市羅泊斯

灣＊。那時的羅泊斯灣雖然只是普通的漁村，卻是進入非洲的大門。來往人士必須在這裡接受海關的檢查，才可登陸進入內地。

阿伯特夫婦通過檢查，在羅泊斯灣換乘歐格威河的平底輪船，逆流而上。歐格威河全長一千兩百多公里，有的地方河面寬達數公里，有的地方又非常狹窄，窄得彷彿兩岸火焰般的紅土地和無垠的原始林都觸手可及。阿伯特牽著海倫的手，靜靜的站在船頭的甲板上，觀賞這在歐洲從沒見過的荒莽景色。岸上偶爾會有成群奔跑的斑馬，速度快得像一陣風；椰子樹幹直聳入天，猴群上上下下的爬著；一些老樹根像蟒蛇似的伸到河水裡；河水很清澈，巨大的河馬在河裡悠游，興致來了還跟在船後面游上

放大鏡 ＊也就是今天非洲出名的大港口──冉第爾港。

一段。

　「這是一個我們從未經歷過的世界。以後我們的生活會很苦，可是我一點也不後悔，我已經開始愛上這塊土地了。海倫，妳覺得呢？」阿伯特為眼前的景象深受感動。

　海倫微笑著說：「我的感覺和你一樣。阿伯特，這是我們自己選擇的故鄉。」

　輪船沿途數次靠岸，經過的地方全都落後荒涼，一幢幢半塌的小茅屋，瘦得像竹竿一樣的孩子裸著身體站在岸邊，目光呆滯的打量著船。有的孩子伸出小手，向船上的人要錢。一些自作聰明的白人，故意把硬幣拋進岸邊的河水裡，讓孩子們鑽到水裡去撿，那些孩子真的就跳進河裡去找錢。怪的是，他們總能找到。這個情景逗得丟錢的人哈哈大笑。

　　有一次，阿伯特忍不住問那位軍醫：「聽說沿岸一帶鯊魚很多啊！下水撈錢沒危險嗎？」

　　「當然危險啊！只不過為了生存，怎麼顧得了那麼多！不過你別替他們擔憂，他們自有應付的能力，瞧！不是一個個平安的回來了嗎？」那位軍醫回答。

　　因為他對歐格威河流域的歷史瞭若指掌，常告訴阿伯特說：「以前沿河一帶的部落是很繁榮的，人民過著純樸的生活。都是我們歐洲人害了他們！我們帶來了傳染病和烈酒：傳染病流行卻沒有醫生，許多人因此喪命；黑心的商人則用烈酒引誘原住民以換取木材，把好好的原始林砍伐得不成樣子。原住民沒知識，不能自制，喝了酒就醉個半死，變得更懶於工作。惡性循環的結果，就成了今天這個樣子。」

　　軍醫的話使阿伯特體會到，

「讀萬卷書，不如行萬里路」的道理。過去讀過的幾本有關非洲的書，竟沒有一本提到軍醫所說的情形和眼前的景象！然而，他又想，既來之則安之，不管非洲如何荒涼，原住民怎麼無知，未來的前途多麼難測，他決定要在這塊土地上生根，努力的奉獻自己。歐格威河緩緩的流著，有時興起波濤，有時平靜無波，阿伯特靜靜的觀賞著眼前的一片景色，感覺自己越來越親近這塊黑色大陸。

這天，全船的人都掩不住興奮之情，因為船就要抵達目的地——隆巴涅了。在水上生活了一個多月，終於能踏上陸地，阿伯特和海倫兩人，一邊在艙房裡收拾行李，一邊說笑著。突然聽到有人在甲板上叫著：「史懷哲醫生，歡迎你的人來了。」阿伯特聞聲上到甲板，只見一隊獨木舟正

朝著這裡飛快的划著。為首的舟上綁著一塊寫著「歡迎史懷哲醫生」的白布條，還有原住民敲鑼打鼓，非常熱鬧。

等船行近了才知道，原來是駐隆巴涅的傳教辦事處，派來迎接阿伯特夫妻的。前面兩隻奏樂唱歌的小舟，載著當地學校的學生，由一位白人傳教士帶隊，並擔任指揮。後面的幾艘空舟是給客人乘坐的。

「到我們那兒非換獨木舟不可，小河水淺，別的船不能走。我在傳教辦事處專管一般事務，是特來接您的。」那傳教士笑瞇瞇的說。

大家七手八腳的把阿伯特帶來的行李箱子搬上獨木舟，轉到一條細小的支流上。獨木舟是把大樹幹的樹心挖空所製成的，又淺又窄，划在水面上非常輕巧快捷。當時正值夕陽西下，河水上

閃爍著耀眼的粼光，遠處山丘上一排白色的小屋，在餘暉中分外明亮。那傳教士告訴阿伯特，那裡就是傳教辦事處，今天的晚飯會在那兒吃，由辦事處主管克雷斯多傳教士為阿伯特夫婦接風。

　　長途跋涉的目的地終於到了，阿伯特牽著海倫步下獨木舟，岸上擠滿了歡迎的民眾。帶頭的克雷斯多傳教士為阿伯特介紹，說:「這兒方圓百里內沒有醫生，所以知道有位好心的醫生要來給他們治病，大家都很興奮，搶著來歡迎。」

　　辦事處為阿伯特夫婦準備了一間屋子，像當地其他的房舍一樣，除了屋頂是鐵皮覆蓋的之外，從天花板到地板、牆壁，都是木材建的。如此簡陋的居所，雖然無法與歐洲精緻華麗的建築物相比，但阿伯特一點也不嫌棄，還直跟海倫說這房子可愛:

「後面有山，旁邊是樹林，前面還可以居高臨下的看到河。我要為這美景陶醉了！」

這天是 1913 年 4 月 17 日，阿伯特和海倫所選擇的新故鄉叫加彭，是當時法國在非洲的殖民地。葡萄牙人在 15 世紀就來到這裡，緊接著一些舊教的傳教士也來了。18 世紀時，法國人在此建了大農場，有超過一千個奴隸工作，栽種熱帶作物如咖啡、胡椒、肉桂、可可等，此外還採集森林裡的天然橡膠，再把這些產品運回歐洲販賣，獲利豐厚，也因此帶動了這個地區的興盛氣氛。

19 世紀中期，英、法兩國廢止奴隸制度以後，因為停止生產，導致此地的經濟逐漸沒落。如今，整個地區主要的生產品只剩木材，馬鈴薯、穀類等農作物即使種了也結不出果實。米、

麵、牛奶、馬鈴薯等食物，和一般生活必需品，都得由歐洲運來。所以這裡的生活品質雖低，但物價卻相當高。

歐格威河是加彭地區的大動脈，沿河住有多少土著，沒人說得清。只知道以前曾有八十族，包括吃人的保安族。當地人談起保安族，總是誇張的說：「啊！他們吃人肉就像歐洲人吃牛排一樣，其味無窮呢！幸虧他們現在不出現了。」

在這裡的白人，總數不超過兩百，其中還包括駐紮在首都李布維爾的法國駐軍。從高度文明的歐洲來到蠻荒的隆巴涅，阿伯特在他的日記本上寫著：「這塊土地是我選擇的新故鄉，永遠的安身立命之所。我將用自己有限的力量，幫助這些被遺忘的人們。他們都是上帝的兒女，我的兄弟姐妹，求神幫助我。」

6

從零開始

　　從歐洲動身前一個半月，阿伯特就已把大量藥品、紗布、各種醫療用物，裝成七十個大木箱，用貨運方式寄來非洲。原以為箱子會比人先到，沒想到他估計錯了！

　　阿伯特到了非洲，但卻沒有任何有關貨運的消息。根據克雷斯多傳教士的猜測，東西可能被羈押在海關處，如果不派個人去打聽一下，很難說什麼時候才會運到。不等阿伯特開口，傳教士便指派一位辦事處的採買人員到海關去查看，讓阿伯特連連稱謝。

　　那天晚上，阿伯特很晚才上床休息。第二天，熱帶地區天亮得快，不到六點，亮晃晃的太陽已普照大地。睡意正濃的阿伯特

和海倫被一陣喧嘩的人聲吵醒。掀開窗簾一看，發現許多人圍在屋前，克雷斯多傳教士正在用土話向他們解釋。這景象令阿伯特夫婦大為吃驚，不知發生什麼事情？經克雷斯多說明後才知道，原來他們都是來求診的病人。

「我們早就發了通告，說三個星期以後，診所才能開業。可是大伙兒今天就來了，有的還是一夜沒睡，步行趕來的。我努力勸他們回去，他們卻說：『醫生不是已經到了嗎？為什麼不能替我們看病？』唉，說也說不清。將來你會親自領教，在隆巴涅做事可不容易，和歐洲相比，是兩個完全不同的世界。醫生，抱歉讓你受驚了。」克雷斯多無奈的苦笑。

「我現在已經不吃驚了，他們不過是來看病的。身上有病痛當然著急，別叫他們回去。可是……」阿伯特禁不住朝四周看了

看，希望能想個辦法，弄個暫時的看病場所。

　　其實，建診所的經費在數月前就匯過來了，阿伯特以為一抵達隆巴涅，就會有一間雖簡單卻可行醫的木屋；沒想到近半年因為木材價錢大漲，工人都去伐木了，所以非常缺乏建造房子的人手，建診所的工作根本還沒開始。

　　阿伯特想到在他住處旁的樹林裡，有一間破舊的空木屋，裡面堆滿廢棄的東西。據說那裡曾經是雞舍，到現在還可聞得到腐敗的雞屎味，地上也黏著一些雞毛。

　　「好，就是這裡了。也許不那麼豪華，至少可以遮陽擋雨，有個屋頂總比露天安全多了。」阿伯特幽默的說著。

　　他立刻叫幾個原住民，將屋子徹底的打掃乾淨，然後用隨身

帶來的酒精消毒，擺上兩張長桌、兩把椅子，拿出行李中有限的藥品，診所就開張了。

開始診療後，阿伯特才知道，在這炙熱的赤道地區，有些奇奇怪怪的病症，是他在書本上從沒讀過，也從未聽過的。日晒病只不過是其中一種而已，昏睡症、脫腸症、橡皮病、惡性膿瘍等，更可怕也更無法預防。而酷熱又溼悶的氣候，簡直是傳染病的幫凶，每當熱帶赤痢、瘧疾、痲瘋之類的病流行時，整個地區便成了人間地獄。既無醫生藥物，當地人又缺乏保健常識，使得疾病如狂風巨浪般肆虐，摧殘這些無助的人們。幾次傳染病的流行都造成大批人死亡，生命在這裡似乎是最微不足道的東西。

蠻荒地區的病固然不可免，文明地區的病也很常見，肺結核、肺氣腫、心臟病的患者比例

偏高，在沒有醫生的情況下，原住民只好求助於巫師，作法念咒的結果，當然還是逃不過死亡的命運。疾病與死亡是這裡的人民最大的敵人；醫生則是他們最需要，最期待的救難者。因此，他們才會不理會開診時間的通告，聽說醫生到了，一大早就扶老攜幼的前來。

　　阿伯特到達的第二天就開始行醫，他耐心的告訴民眾：因為藥品和器材都還沒運來，又缺乏助手，實在忙不過來，所以只能先給重病患者診治，病輕的先回家休息。但那些人聽不懂他的話，也不能了解他的意思，直說：「你不是醫生嗎？不是來給我們治病的嗎？我才不回家呢！就在這裡等啦！」他們果真不回家，夜裡就在附近的樹林裡席地而睡。阿伯特一點辦法也沒有，只得次日早早起床，繼續給他們診

治。

病人中以患惡性疥癬的最多。傷口常有飯碗大小，有的甚至爛得見骨，發出刺鼻的臭味。阿伯特一邊用刀刮去傷口的腐肉，一邊教他們不要再往傷口上塗抹樹皮粉，因為那只會有反效果。工作的同時，他的腦筋也沒停，努力思索能用什麼方法扼止這種病的蔓延。要扼止這種病的傳染，首先得有能根治這種病的藥品，但阿伯特帶來的藥品卻都沒有顯著的效果。他打定主意，非發明特效藥不可。

傳教辦事處預先安排的黑人助理始終沒現身，唯一的醫生助理就是海倫。阿伯特跟她開玩笑說:「妳應該有個綽號，叫世界上最操勞的助理。」

「當然囉！你就是世界上最忙碌的醫生嘍！」

他們兩人真是忙得不得了，

海倫不僅做阿伯特診病時的助手，舉凡一切有關那間「雞舍診所」的事——醫療用具、開刀器物、藥房配藥、清洗繃帶及看護重病患者，全由她一肩挑起。

過了幾個月這種艱難又克難的日子，建房子的工人終於伐完木頭歸來，可以開始蓋診所了。阿伯特夫婦高興得眉開眼笑，海倫還送他們一人一份從歐洲帶來的牙膏和肥皂。幾個工人也很開心，工作得十分賣力，不到四個月就把一幢木屋建好。這木屋仍像隆巴涅大多數的建築物一樣：木造房子，以及用鐵皮搭的屋頂。為了防止地面毒蟲的入侵，房子還得蓋在二、三十個高一米半的木樁上。

新的診所一共有兩間長方形的房間，外面一間是診療室，裡面是開刀房，另外還做了放藥品的木架和兩個牆櫃、一張開刀時

給病人用的木床，並且給醫生做了一把新椅子。雖然設備簡陋，阿伯特還是對他的新診所相當滿意。

好運接連而來，阿伯特找到了一位原住民助手，名叫約瑟夫。約瑟夫曾在白人家庭做過廚師，能說法語，不過用詞並不完全合適。譬如他稱病人的肋骨為排骨，大腿為蹄膀，腹部的肉為五花肉。

阿伯特和海倫視約瑟夫為不可少的助手，自從他到來，醫生和病人間的溝通順暢很多，阿伯特的一些想法和規定，可藉約瑟夫的口解釋清楚。後來，海倫用法文寫了一張「醫院守則」貼在牆上，由約瑟夫將內容讀給病患們聽。內容包括六項要求：不可隨地吐痰，等待看病時不可高聲喧譁，用過的裝藥瓶罐一定要交還等等。

在阿伯特對日日折磨當地居民的惡性疥癬，自製出有效的塗抹藥膏之後，大多數病患便逐漸對阿伯特產生了信賴和崇拜的心理。由於民眾間互傳疥癬太屬害，染上就癢得整夜不得安眠，常抓得一身皮破肉爛，鮮血淋淋。而從歐洲運來藥品需要花上數月的時間，用量又很大，經常供不應求，阿伯特便試著自己製造。他就地取材，用硫磺粉、椰子油、鯡魚罐頭裡的殘油，再加上泡軟的肥皂，攪勻成膏狀，讓病人塗抹在患處，可立即止癢，連續塗抹幾次便能痊癒。

阿伯特來了半年，就把折磨當地居民百年的疾病給根除，真使他們佩服得五體投地。他們稱呼阿伯特夫婦為「醫師先生」、「醫師太太」，不必加姓名，任誰都知道指的是這對遠渡重洋，前來拯救他們的白人醫生和他的

妻子。

由於病患都很崇拜阿伯特，所以也樂於聽從他的話，阿伯特的幾項「醫院守則」推行起來非常順利。原住民也漸漸學會了思考一些做人的道理，譬如有的病患就問：「為什麼裝藥的玻璃瓶和鐵罐要歸還？我想洗乾淨裝油、鹽呢！」

阿伯特就叫約瑟夫解釋說：「那不行。因為氣候太熱，藥只能用鐵罐和玻璃瓶來裝，別的紙盒、紙袋都不能保存藥，這樣藥就會壞掉。如果你把瓶罐留下，而讓別人的藥壞掉，那不是很不應該嗎？不是太自私了嗎？我們做人不能太自私，總得顧到別人吧！」

那些原住民有的第一次聽不明白，想了半天還是搖頭；但多聽幾次就懂了，有的人還會說出令人耳目一新，頗有智慧的話：

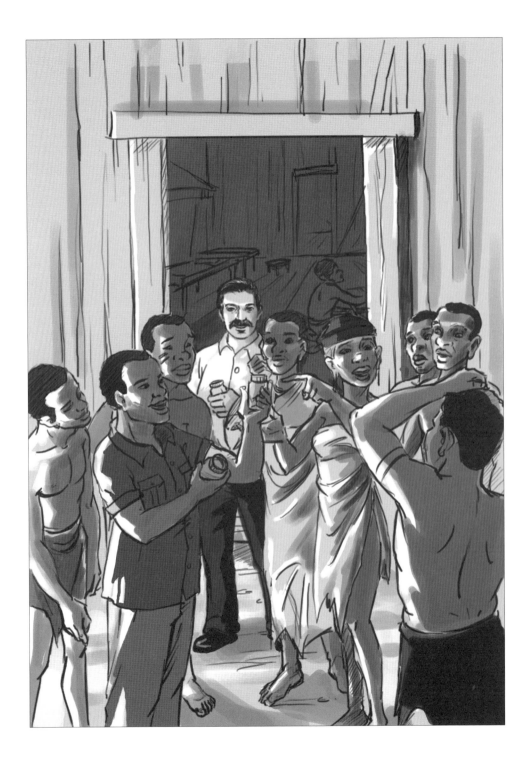

「對呀！人不可以太自私，不可以只為自己想。假如醫師先生和醫師太太只為自己想，就不會跑到這裡來幫我們了。」

當地原住民確實有一些根深柢固的壞毛病，讓與他們接觸的白人難以忍受，如懶惰、不思上進、不愛乾淨、沒有知識、無理性、野蠻等，是白人對他們一致的批評。在這些歐洲來的文明人眼裡，當地原住民的素質和地位，只比動物略高而已，所以自然不會平等對待他們。

阿伯特和海倫對待原住民那麼親切，讓許多人嘖嘖稱奇。有人就直接問他:「醫生，你怎麼看待這些愚蠢的原住民呢?」

「愚蠢不是他們的錯，是沒有機會給他們學習知識。何況原住民並不都很笨，有些人很聰明，很純樸天真。他們的本性是善良的。」阿伯特這麼回答。

「你不怕他們偷你的東西嗎？」原住民常會偷竊，偷的東西也不一定拿去用，隨手摸走別人的東西，就悄悄的丟在路邊或樹林裡，這是十分常見的事。

關於這一點，阿伯特覺得一點也不嚴重：「在最富裕的社會裡也有偷盜的事件。偷竊是原住民的壞習慣之一，慢慢的下工夫教育他們，他們會改正的。」

「那你覺得可以跟他們交朋友嗎？」

「我視他們如兄弟。」

阿伯特對病人的真誠與寬忍，深深感動了這些外表粗獷、內心柔軟的人們。他第一次替一位脫腸症病人開刀的場景，是這方圓百里間傳頌不斷，白人、黑人都津津樂道的故事。

某天，氣溫特別燠熱溼悶，連阿伯特都感到有點呼吸困難。但病人如潮水般，一批又一批的

來，阿伯特、海倫和約瑟夫忙得連喝口水的空暇都沒有。就在這個時候，忽然傳來一陣哭嚎聲，接著看到兩個人用竹竿做的擔架，抬著一個肚子鼓得像氣球的男子進來，擔架後跟著一個枯瘦的女人，她邊哭邊說，聲音尖銳又操著土話，阿伯特一句也聽不懂。女人手上抱著一個小嬰兒，背後揹著一個稍大的孩子，手上還牽著一個四、五歲的女童。她一進門就「噗通」跪在阿伯特面前，哭著哀求。

阿伯特忙問約瑟夫：「她說些什麼啊？我聽不懂！你叫她別哭，慢慢的說。」

約瑟夫倒是早就聽懂了，說：「她說這個病人是她丈夫，是個伐木工人。全家人都靠他養活。她的婆婆幾年前眼睛瞎了，公公早年下河抓魚被鯊魚咬掉一條腿，是個殘廢。她丈夫三天前

忽然肚子疼，肚子越膨脹，他就叫得越凶，叫了三天三夜，現在已經叫不出聲音來了，眼看著就要沒救了。她求您發發慈悲，救他一命，不然他們全家大小只有餓死了。」

阿伯特邊聽邊嘆息，急忙察看擔架上的男子。那男子不過三十歲，骨瘦如柴，但肚子卻高高鼓起，因鼓脹得太厲害，皮膚還被撐得發亮。他果然叫不出聲了，只不斷的呻吟著。

約瑟夫在一旁說：「醫生，這就是脫腸症，在此地非常普遍，得了這個病就完蛋，沒辦法救。您看到了嗎？他已經叫不動了，只在悶哼，待會兒連哼也沒勁，就真的沒救了。」

「不，我要給他開刀，既然是普遍的病症，更得想法子治療，不能讓病魔任意肆虐。你叫那女人不要哭了，安心的在走廊

上等著。我們趕快準備吧！」阿伯特話沒說完，海倫就把開刀用的刀剪丟到開水鍋裡煮了，並把那女人帶到走廊上的長板凳上坐下，給小孩們一些歐洲帶來的餅乾。

「別擔心，妳丈夫會好的。兩個小時後他會像平常一樣的跟妳聊天。」海倫把女人和孩子安頓好，連忙走進那簡陋的開刀房，她是麻醉師也是護士；約瑟夫也戴上了橡皮手套，儼然是開刀房的重要助手。

阿伯特是個冷靜、理性、不情緒化的人，可是第一次在非洲動手術，他還是有種無法控制的惶恐心情。他想:「脫腸症在這裡如此普遍，如果無法醫治，這種病便永遠威脅著他們的生命，不知有多少像這樣的家庭會破碎。慈悲的主，給我力量，讓我救活這個人。」整個開刀過程中，阿伯

特一直在心裡禱告。

　　手術近兩個小時，阿伯特找出了脫腸症的主因。所謂「脫腸」，其實是「絞腸」。病人有段腸子纏住了，食物無法消化，所以肚子膨脹得像氣球一般。找出了病因，阿伯特便恢復原本的自信和樂觀。他把病人絞住的腸子小心的理順，清除腸內的汙垢，順利的完成手術。

　　那病人麻醉醒過來之後，驚喜的抓住阿伯特的手說：「醫師先生，您真神奇啊！您用什麼法子救活了我？不，您救活了我們一家。我衷心的謝謝您呀！」

　　那男人的妻子也不哭了，帶著孩子們進來，歡天喜地的向阿伯特夫婦道謝。說完，她就叫那兩個抬擔架的鄰居，把病人抬回家去。

　　阿伯特連忙阻止她說：「不行，不行，他得休養幾天。我也

得隨時檢查他的病情。你們先回去吧！過幾天我會通知你們來接他。」因為開刀後的病患，無法承受搬來搬去的顛簸。

這病人叫達卡，會說一點法文，阿伯特把他留下來，卻不知道該安置在哪兒。天氣很炎熱，在走廊上過夜是可行的，但又怕樹林裡的野豹聞到血腥味會出來覓食，最後還是決定就讓達卡住在開刀房裡，將就一下。只希望在這段期間，不會再有病人需要緊急開刀。

達卡是這間簡陋醫院的第一個住院病患。阿伯特每天為他檢查傷口、換藥；海倫則烹調三餐給他吃。在大家細心的照顧下，達卡復原得又好又快，不只阿伯特為此欣喜，達卡本人更是開心至極，因為他是整個地區唯一得脫腸症卻沒死的人。他直說：「醫師先生，您是神嗎？怎麼真救活

了我？」

「我不是神，只是神給了我力量。可惜的是，我的力量太小，條件也太差，如果有病房、病床，可容納病患，得救的人就會更多啦！」

「醫師先生，那不難，我可以找一些親戚朋友來替您蓋病房，您只需供應三餐飯和少許工資。」

「沒問題，一言為定。」

一段對話給醫院帶來了很大的改變。兩、三個月後，醫院擴建成可容納十個病患同時住院的規模，雖然睡的是鋪上稻草的木板床，但總比睡在露天之下或無處容身好多了。

鐵片屋頂的木板屋一幢幢的建起來，醫院的規模也一天天的擴大。藥品和資金由歐洲的相關教會和朋友們負責，每隔一段時間就寄來數十只大木箱。原住民

漸漸的懂得，這個白人醫生為什麼要到蠻荒的非洲來救人，「只是為了一個愛字啊！他愛我們。」很多原住民都這麼說。他們開始真心的愛這位醫生和周圍的人。有幾個年輕、能說點法文的男子，也主動表示想到醫院來服務。阿伯特欣然接受，並叫海倫和約瑟夫訓練他們。

醫院的運作越來越上軌道，阿伯特幾乎救活了每個來求診的脫腸症病患。他對其他非洲特有的病症也慢慢有了認識，並找出治療方法。阿伯特和原住民之間相處融洽，日子越過越順遂，心中很有成就感。忙碌的他，居然也能擠出點時間，玩玩他心愛的音樂了。阿伯特打開維多老師送他的特製風琴的琴蓋，彈奏巴哈的曲子，由風琴裡流出的樂聲，如流水般洗滌他的思想和心靈。阿伯特陶醉至極，幾乎忘記自己

身在何處，只能任手指自由自在的彈著琴鍵，而廊下早就站滿了一群人在聆聽。

「咦！醫師先生用什麼變出這麼好聽的聲音？」有人竊竊私語著。

7

音樂與戰爭

　　許久沒有碰風琴，一彈起來，才懂得什麼叫渾然忘我的境界。阿伯特真切的體會到，音樂就是他生命的一部分，無論他從事什麼工作，都不可能與音樂分離。沒有音樂，他的生命就不完整，也不快樂。於是他決心重新拾起音樂，不管工作如何忙碌，一定要空出時間練習風琴，並重新對巴哈、孟德爾頌、韓德爾的作品做深入研究，就算無法彈奏到盡善盡美，至少要做到讓自己滿意。

　　阿伯特常利用就寢前的一點空閒時間彈奏風琴，那時萬籟寂靜，晴朗的夜空上常有星月相伴，蕭瑟的氣氛，讓他不免產生些許鄉愁。但他並不覺得這樣有什麼不好，反而認為淡淡的思鄉

情緒，正好增添彈琴的靈感。他和海倫對目前的處境很滿意，醫院成長的速度雖然不是很快，卻穩健的發展。有時從歐洲運來的藥品遲到，讓他有些擔心，但問題不大，並沒有對病人造成直接的影響。阿伯特對他的醫院有全盤的計畫，認為只要按部就班的進行，一定可以在這塊土地上，建立一所水準較高、規模較大，可以幫助更多人的醫院。不幸的是，他沒料到戰爭會爆發；更糟的是，他自己也受到戰爭的牽連。

1914 年，第一次世界大戰爆發，德國與法國成為敵對狀態。阿伯特屬於德國籍，而加彭是法國殖民地，隸屬法國。於是這位熱心助人、受人愛戴的醫生，一夜之間竟成了敵人。他被通知醫院要限時關閉，他和妻子海倫是戰俘身分，所以要受到看管。阿

伯特接到通知後的第一個反應，就是盡快把醫院器材儲藏好。他和約瑟夫、達卡連夜搬運，把醫院裡的一切器材用品，集中放在一幢新近建成的堅固病房裡。

「醫師先生，我們何時可以再開門啊？」達卡難過的問，他衷心感謝醫生的救命之恩，所以把醫院的事當成自己的事。

「誰也說不準，也許要等戰爭結束。總之，不管怎麼樣，你們倆要把器材看好，等局勢好轉，就可以隨時開門。」阿伯特把鑰匙交給助手，兩天後，他和海倫就被關入傳教辦事處的一間房子裡，日夜有兵士守衛，不得自由進出。

當地居民的消息向來不靈通，也不了解戰爭與戰俘之間的複雜關係，仍然跑了幾十公里的路來找史懷哲醫生治病。看到醫院大門深鎖，人去樓空，感到非

常失望。經過打聽，才知道他們所敬愛的醫師先生成了犯人，現在被監禁起來了。

「醫師先生和太太是最善良的人，救過許多病人，怎麼會變成敵人給關起來呢？」有些民眾跑到傳教辦事處這樣問著。得到的回答卻是：「戰爭時期，我們照上頭的命令行事。別囉唆了。」

原住民替阿伯特感到不平，他本人倒是坦然接受。唯一讓他不放心的是那些急於求醫的病人，但他也毫無辦法。

阿伯特是個一分鐘都不想浪費的人，從被囚禁的第二天起，他就拿出紙和筆，重拾荒廢許久的寫作習慣。他要寫的是一本有關人類文明的書。文明究竟是什麼？與人類的實際生活到底有什麼關係？為何今天的歐洲人能有如此進步的文明和富裕的生活，但這些落後地區的人們，卻過著

越發貧窮的日子？白種人在非洲、亞洲的殖民地明爭暗奪，利用廉價勞工，賺取大量財富，過著奢侈浪費的日子，但對窮人的困境卻視而不見。說穿了，這是一種道德的淪喪。想到此處，一個非常嚴肅的問題浮現在他的腦內：難道文明與道德是相互牴觸的嗎？這個問題讓阿伯特深思，並動筆寫了一本叫《文明的哲學》的書。

　　阿伯特被囚禁了幾個月後，有一天忽然收到通知，說他每天可以出去幾個小時給病人治病，這對阿伯特和病人來說都是好消息。遠近的病人不斷的湧來，阿伯特每天都來不及全部診治完。不久後，又來了另一個通知，叫他盡速恢復醫院的事務，正常開業。阿伯特被這些通知給弄糊塗了，不懂為何突然要囚禁，突然又叫他重新開業？直到他回歐

洲，謎底才揭曉。原來是他的恩師維多先生在巴黎四處奔走，請人設法疏通管理非洲的官員，才會有這樣的結果。

戰爭持續進行，法國的運輸工具都充作軍用，極少貨輪來往於歐、非之間，因此阻礙了兩地間的貿易。非洲所砍下的木材堆積如山，乏人問津，靠伐木維生的原住民也全部失業。不只如此，茶葉、糖、煙草、煤油、米、麵等生活必需品，也嚴重缺貨，物價飆漲，民眾都大喊吃不消。

阿伯特最擔心的當然是藥品的來源，沒有藥怎麼能治療那些病患呢？正在他為此憂心不已的同時，傳來一個大驚喜。一艘在戰爭前開出的郵輪，載了幾十箱他訂購的藥品，直到現在仍沒下文。據說這艘船航行到一半，就被劫去運送軍需物資了。阿伯特

對這批藥品本來已經不抱希望了，沒想到忽然接到通知，要他快派獨木舟到上游去取貨。全醫院的人都為這消息高興得大聲歡呼，約瑟夫和達卡還自告奮勇，雇了三艘獨木舟，把那些木箱護送回來。

阿伯特像以前一樣，每天忙碌的為病人治療、開刀，晚上閒下來就彈彈琴，或思索人類文明的問題，並把心得隨時記錄下來。過分繁忙的工作占去了他大部分的時間，所以他只能用這種方式創作；雖然如此，他一點也不怨，仍然那麼和顏悅色的對待每個人。不過，他又有了新的困擾。

首先是海倫的健康惡化，常常頭暈到不能起身；接著自己的身體狀況也亮起紅燈。從住處到醫院不過六、七分鐘的路程，過去他可以健步如飛，現在卻覺得

舉步維艱；後來情況越來越糟，頭暈、食欲減退、精神不濟等症狀接連出現。

夫妻倆都成了病人。他們染上的是熱帶貧血症。在隆巴涅住兩年以上的白人，大多會染上這種赤道線上特有的怪病，所以一般白人都安排隔年回一次歐洲「換空氣」，以防止罹患熱帶貧血症。認識的朋友見阿伯特夫婦雙雙病倒，便勸他們回歐洲去休養一陣子，但阿伯特的德國身分讓他不能隨意離境，有朋友自告奮勇，要幫他們向法國當局疏通，卻被阿伯特一口回絕了：「不行，我絕不能離開那麼久，回去一趟至少要一年才能回來，這裡的病人怎麼辦？謝謝你的好意。」

有位朋友是法國商人，他看阿伯特不願回歐洲養病，就請他們夫婦到自己的海濱別墅去度假，阿伯特欣然答應了。別墅建

在離診所兩百公里之外的海岸上，空氣清新，也不像隆巴涅那麼燠熱。阿伯特和海倫每天在海灘上漫步，健康果然逐漸好轉。他們在那裡休養了兩個月，阿伯特利用不必看診的寧靜日子，把有關人類「文明」和「文化」，乃至「道德」的問題，做了全面而徹底的思索。一本談論人生哲理的巨著已然成形，只等著書寫出來，就能夠完成了。

尚未完全康復的阿伯特夫婦一回到隆巴涅，就有一大堆信件等著拆閱。其中有一封是管理戰俘部門寄來的，信中要求他們立刻到俘虜集中營報到，並搭下班船回歐洲。阿伯特愣住了，大嘆人算不如天算。但命令必須服從，幾個助手幫他將一切診療器材和藥品裝箱，搬進一間鐵皮屋頂的木屋裡。正在撰寫的《文明的哲學》稿子，很可能遭到沒收

的命運，所以阿伯特把大綱和一些草稿交給一位美國的傳教士，只抄了份目錄帶在身上。病人也得安排好，在上船的前一天，阿伯特還為兩個脫腸症的病患開刀。

對於這場巨變，阿伯特沒說過一句怨言，臉上也沒有擔憂的神情，照常用平靜的心迎接未來。

他的助手和病人傷心的說：「醫師先生，您還會回來嗎？隆巴涅的人不能沒有您啊！」

「放心吧！我永遠不會忘記你們，我一定會回來。」

「醫師先生，他們不會把您怎麼樣吧？您會平安吧？」有人這麼問著。

阿伯特反倒輕鬆的笑了：「不會不會，我安全得很，別為我擔心。好好注意健康，我會回來的！」

離別的日子到了，阿伯特雇了一隻獨木舟，送他們到歐格威河口去搭輪船。因為他們是戰俘身分，所以傳教辦事處的朋友被禁止送行。當阿伯特夫婦和三個送他去碼頭的助手到河畔時，只見密密麻麻的原住民圍在那裡，他們困惑又不捨的看著，也有人不斷拭淚。看到這樣的情景，阿伯特感動得眼睛都溼了。他站在獨木舟上，凝望著這片逐漸遠離的土地，就此告別他居住了四年的隆巴涅。

一個月後，阿伯特和海倫在波爾多港登陸，他們被送到法國和西班牙交界處的一所集中營。營裡的數百名俘虜普遍健康欠佳，患精神憂鬱症的比例很大。其實這些人不乏高知識分子，人才濟濟，唯一缺的就是醫生。阿伯特的到來讓大家有了希望，大家看他為人和善親切，都願意與

他交朋友。一位會做木工的營友看他常常把窗臺當桌子來寫作，就悄悄的利用廢木頭做了一張小桌子送給他。阿伯特喜出望外，因為在那個艱苦的環境裡能有張桌子，實在是太幸運了。他不單可以用來寫稿，還可以把桌沿當成琴鍵來練手指。集中營裡的生活單調而封閉，彷彿與世隔絕。唯有阿伯特能把握時光練琴、治病、寫稿，生活過得忙碌又樂觀。不只如此，他還把好心情散播給別人。空閒時，他會講非洲的故事給大家聽，態度輕鬆，言語詼諧，連管理員都愛聽。有時，他會把自己「敬畏生命」的想法，向聽者傳布，「所有的生命都有他的價值，都是莊嚴的。我們不僅要敬畏自身的生命，也要敬畏所有存在的生命。人活在世界上最重要的意義，就是把關愛和溫暖傳送給別的生命。」

　　不知不覺中，阿伯特改變了許多人的人生觀，集中營裡的氣氛也漸漸變得好些。管理部門特別開了一間醫務室，指定由史懷哲醫生主持，大家的健康問題算是獲得解決。

　　這裡的生活除了伙食較差點，日子似乎還過得去。這時令阿伯特十分不安的，乃是發現海倫和他本身的健康又出了問題。

　　1918 年的 7 月，法德兩國交換戰俘，阿伯特和海倫離開了集中營，回到德國。因為他們的故鄉瓊斯巴哈屬於戰區，經過幾次申請，他們才獲准返鄉探親。

何處是我鄉

　　戰爭中的德國滿目瘡痍，某些地區鐵路中斷，沒有直接到達瓊斯巴哈的火車，必須從柯馬爾步行十五公里才能到達。阿伯特路上感到發燒，腹內劇痛，有下痢現象，但也得強撐著往前走。他一邊抵抗著病痛，一邊看著那片童年曾嬉戲過的山崗，原本碧綠的草地和連綿的松樹林，如今卻是一片肅殺蕭條的景象。很多樹木被胡亂砍伐、焚燒，只剩下光禿的樹幹；農田裡無人耕作，到處都是空蕩蕩的。一向樂天的阿伯特也不禁感嘆的說：「為什麼要有戰爭？難道戰爭能夠解決問題嗎？可憐的人們啊，你們何時才能消除心中的恨？」

　　終於到家了，阿伯特的父親、姐姐和弟妹都非常驚喜，只

是沒看到母親。經父親說明，阿伯特才知道在他到家的兩年前，母親上街購物時，被一匹拉車的軍馬撞倒而傷重不治。阿伯特為此唏噓不已，病情更加嚴重。

他對弟弟說：「你快想辦法，把我送到薩爾斯堡的醫院吧！這是傳染性的赤痢，是在集中營裡染上的。」

「上帝呀！這時候能想什麼辦法呢？你忍著些，我扶著你去吧！」弟弟說完，就和兩個妹妹一起七手八腳的要把他扶到十五公里外的柯馬爾去搭火車。

阿伯特對弟弟說：「找你兩個朋友來幫幫忙吧！她們兩個女流之輩，怎能步行那麼遠的路。」

「我的朋友都上了戰場。漢斯和洛提已經陣亡了。」他弟弟說。

沒辦法了，只得由海倫攙扶著送他就醫。一路上苦不堪言，

　　總算熬到了薩爾斯堡。到醫院時，阿伯特面色死灰的發著高燒，全身虛脫，無法言語，醫生看出他的病況不輕，立刻為他診治。

　　診療完成後，阿伯特留在設備高級的醫院裡靜養，逐日恢復健康。躺在軟綿綿的病床上，他心中念念不忘的，仍是隆巴涅的當地居民。「何年何月，他們也能有這樣的病床呢？」他想著就把這個念頭說給院裡的醫生聽。

　　那些人大多是他的舊識，雖然以法國人居多，可是誰也沒有把他當成敵人而歧視他。當他們聽到阿伯特這麼說時，總是善意的告訴他：「阿伯特，你在非洲待了四年，已經超出一個人承擔的極限，你夠偉大了，就別再去了吧！留在歐洲照樣可以做許多有意義的事。」

　　「我個人偉大與否不要緊，

歐洲當然也有可做的事，但是在非洲的那些人更需要幫助。你們想像不到他們是過怎樣的生活，落後貧窮也不是他們的錯，那是上帝照顧不到的角落，我們必須分擔上帝的責任。」每當有人勸阿伯特留下來，他多半如此回答。

有人在背後竊笑，說阿伯特是個不折不扣的理想主義者，太愛做夢，阿伯特也不理會別人的看法。只是現實環境的逼迫，常常讓他有些無奈。目前的他，雖然病已經痊癒，但生活毫無著落，也沒有任何一分錢的進帳。上一次為了去非洲而向朋友及教會借的錢，更不知何時能還。煩惱之餘，他又重拾那些心血結晶之作，寫寫改改，希望能找到地方出版，賺取稿費。

薩爾斯堡的市長早聽過阿伯特‧史懷哲的名字，對他的勇氣和慈悲心腸很是佩服，知道他正

失業，就設法幫他安排了一個市立醫院助手的工作。再過不久，聖尼古拉大教堂也恢復了他副牧師及教堂司琴的職位。有了收入，他的生活得以溫飽，但周遭的環境卻毫無改善。糧食嚴重的缺乏，讓人民普遍營養不良，學校的孩子個個臉色蒼白。對於這種情形，阿伯特看在眼裡，痛在心裡。

1918 年深秋，戰爭終於結束了！阿爾薩斯再次割給法國，薩爾斯堡當然又成了法國領土，一些德文的地名或標示，統統改回法文。戰後，失業及物資短缺，依舊是百姓們生活的最大問題。這一切使阿伯特憂心不已，便越發的痛恨戰爭。他毫不掩飾自己是個反戰主義者。

之後的兩年，阿伯特沒有離開薩爾斯堡，他的時間多半用來彈奏風琴和寫文章。在日常生活

上他努力儉省，把省下來的食物，如米、麵、奶油、乳酪之類的，裝在背包裡，越過邊界，送去給德國境內的朋友，其中以音樂大師華格納的遺孀和著名的老畫家漢斯托瑪，最常得到他的接濟。

黯淡的日子終於露出曙光！阿伯特突然收到瑞典的烏普薩拉大學校長、著名神學家賽德波洛的一封信，請他到烏普薩拉講授哲學，阿伯特欣然接受。

1920 年的 4 月，他和海倫便動身前往瑞典。阿伯特在課堂上發表他長久思考的，對人類文化問題的見解——「敬畏生命」的學說，內容深刻又充滿感性，加上阿伯特出眾的口才，聽者全都為之嘆服、感動。賽德波洛校長認為這麼精闢動人的演說，不應該僅限於課堂內，也應該讓社會大眾有機會聽到，所以在徵得阿

伯特的同意後，便安排了一連串的巡迴演講。

阿伯特‧史懷哲在瑞典成了家喻戶曉的人物！但因他在寫作方面的名氣太大，幾乎讓人忘記他在音樂方面的造詣，以及彈琴的才能。好在這時又被憶起了，一些相關組織便要求他舉辦演奏會。

舉行演奏會是阿伯特最渴望的事，何況瑞典到處都有古老的管風琴，音質優美又古雅，更吸引他想彈奏一番。結果音樂會和演講一樣，都得到空前的成功。阿伯特和海倫在瑞典待了四個月，不但存到一筆豐厚的演講和音樂會收入，足以償還債務，還有剩餘呢！這使阿伯特信心大增，希望自己以後不必靠借錢的方式，就能把非洲的醫院支持下去。

另一件喜事是，阿伯特為瑞

典出版社撰寫的《原始森林的邊緣》，比預定期限還要早完成，書裡寫有關非洲生活的經驗，非常新奇少見，一上市就暢銷熱賣。不久，德、英、荷蘭、丹麥、芬蘭等譯本相繼成書，也引起熱烈回響。此時的阿伯特·史懷哲名聲響亮，收入也倍增。於是他辭去副牧師和醫院的職位，用寫作、開音樂會及巡迴演講的方式，為非洲之行籌措經費。

戰後的蕭條漸成過去，西方社會逐漸復甦。城市裡處處大興土木，築房造路，女士們穿著設計新穎的時裝，商店的櫥窗裝飾得色彩繽紛。經濟的繁榮像一隻美麗的大蝴蝶，非常誘人；與非洲的荒涼落後相比，歐洲無異是天堂。大家開始對未來的生活有美好的憧憬和計畫，也沒有誰再費口舌勸阿伯特留下來，因為看他在歐洲如此活躍，名望與日俱

增，身體又恢復了健康，這些哪裡是落後的非洲所能比的！所以沒人再跟他提去留的問題。可是他們都想錯了，阿伯特自始至終都沒忘記過非洲隆巴涅那些無助的原住民朋友們。

在歐洲的幾年，除了馬不停蹄的演講、演奏之外，阿伯特所出版的幾本書：《基督教與世界宗教》、《童年的回憶》、《原始森林的邊緣》及《文明的哲學》前兩卷（標題為「文化的破落與重建」和「文化與倫理」）都非常成功，得到極高的評價和熱烈的回響，給他帶來名聲和財富。他開心的說：「我終於又能站在自己的腳上，不必求人過日子了。」

1924 年 2 月 24 日，阿伯特再度啟程前往非洲，隨身帶著大批藥品器材，和一個年僅十八歲、牛津大學的醫科學生諾爾。海倫

因為五歲的女兒無法忍受非洲的炎熱氣候，加上自己的健康欠佳，所以並沒有同行。因為有上次的經驗，阿伯特此次到非洲，是有備而來。

船行近兩個月才到隆巴涅，當阿伯特站在獨木舟上，遠遠望到那片曾住過數年的熟悉叢林，激動得眼眶泛紅。他後來在日記上寫道：「自從離去這可愛的地方，我是多麼的魂牽夢縈啊！終於又回來了，多讓人心動的重逢啊！」

阿伯特把卸貨的工作交給諾爾，自己迫不及待的去視察醫院，一看之下，讓他不由得目瞪口呆。哪裡還有什麼醫院？原來的房舍已被荒草密密包圍，連站的地方也沒有，每間房子的屋頂都被風雨吹打得千瘡百孔，有幢房子竟然從屋頂上直直的冒出一棵樹來。阿伯特連休息也來不

及，連忙向當地民眾求援。一問之下才知道，近來歐洲和美國大量買木材，木材的價格高漲，健壯的工人全去伐木了。整個隆巴涅，連一個修屋頂的工人也找不到。

醫師先生回到隆巴涅的消息，很快在原住民之間傳開了，立刻就有人要前來看病。其中有些比較明白事理的，帶頭說：「醫院破爛到這個程度，醫師先生如何幫我們診療治病呢？我們快動手幫幫忙吧！」這人的提議立刻得到大家的回應，男女老少一起幫忙，花了兩天的工夫，才搜集到六十四塊草瓦片，大家七手八腳的修好屋頂，再用鋤刀除去荒草。阿伯特也捲起袖子和大伙兒一起工作，累得滿頭是汗。

民眾們直說：「醫師先生，您就別動手，讓我們來吧！」

「你們知道，我是閒不住

的。再說多我一雙手，醫院也可早點開門。」見當地民眾把他當成自己人，阿伯特開心的呵呵直笑。

對阿伯特來說，抵抗大自然的侵害，克服種種的困難，是他在非洲的半個世紀裡，隨時要面對的問題。他在記述非洲生活的文章裡曾寫道:「非洲叢林裡的艱苦生活，是文明的歐洲人無法想像的，當然我也不必太過著墨。若是要詳細的從頭說起，怕要寫上厚厚的幾本書呢！」

病人蜂擁而至，醫院只好勉強開診。讓阿伯特吃驚的是，痲瘋病、昏睡病、梅毒性潰瘍之類的病例，比以前增加了許多。而最令阿伯特煩惱又無計可施的是，有些原住民把病患往醫院裡一送，轉身就溜走，並不留下來照顧。一個叫班則比的野蠻部落，也不斷的把病人送來。雖然

醫院裡可通用的土語多達十種，但是他們的語言連別的原住民也不懂。在行為上，他們表現得更是怪異，有個病人連續兩次在床鋪下點火，幾乎要燒了房子；另一個則常常大吵大叫、動手打人。阿伯特傷透腦筋，可是也沒辦法跟他們講道理。

　　阿伯特不只當醫生，有時也得像以前一樣充當建築師。病人太多，病房不夠用，每隔一些日子，就得設法加蓋。糟的是，當地根本沒有材料，又找不到工人，所以他得乘獨木舟出去四處查看，找尋材料。阿伯特覺得木板不如磚頭隔熱，於是決心自己燒磚，想要建造防熱性和防蟲性都強的磚房。造磚的黏土不難找，乘獨木舟到沼地去挖就挖得到，問題是沒人會燒磚。阿伯特只好自己動手，一有空就去做土胚，試了很多次，弄得兩手是

泥，就是燒不成磚塊，最後只得放棄。後來他在回憶錄裡說，這是在非洲時唯一的失敗。

當阿伯特在非洲的叢林裡被各種瑣事壓得喘不過氣時，他的名字卻如風馳電掣＊般，在世界的每個角落裡被傳揚開來。世人從阿伯特的著作和媒體的報導中，漸漸得知他在非洲的事跡，對他高貴的情操和無私的愛心由衷敬佩。有的人付諸行動，用實質的幫助表示支持。這年的7月間，醫院的第一位專業護士柯多曼小姐來到；10月時，外科醫生民斯曼醫生抵達；後來的幾個月裡，陸陸續續的又有幾位醫生和護士加入。

有一天，阿伯特正在為病人診療，忽然聽到一個熟悉的聲音叫他「醫師先生」，原來是以前

＊風馳電掣 比喻快速。

的助手約瑟夫回來了，還帶來一個會做歐洲餐飲的廚師。緊接著，歐洲著名的外科名醫勞頓堡博士，也忽然不聲不響的出現了，同時帶來令阿伯特十分高興的大禮：一位瑞典友人和一位丹麥友人，各送一艘新式快艇給阿伯特。瑞典人送的那艘已取好名字刻在船頭，就叫「謝謝你」，表達對阿伯特的感激。

有了快艇，接送病人和運送醫院器材及食物的工作，變得方便許多。阿伯特受到鼓舞，覺得努力終於有了結果，世人已注意到這塊被遺忘的大地，這麼多志同道合的朋友來奉獻幫忙，前景應是樂觀美好的。目前最讓他煩惱的是房舍問題。不僅病人越來越多，醫生、護士和工作人員的總數也達數十位，宿舍和病房嚴重缺乏，但醫院附近已經沒有可以加蓋房屋的空地了。阿伯特決

定找新的土地重蓋醫院，並立刻付諸行動。

　　這段時間，隆巴涅的居民常看到醫師先生獨自駕著快艇，在河上來來去去。有人忍不住掩嘴笑說：「醫師先生是返老還童了，像孩子一樣，駕船戲水呢！」他們哪裡知道，阿伯特是在找土地為他們造新醫院。阿伯特暫把計畫放在心裡，沒有告訴任何人。

生命的能量

　　阿伯特在歐格威河支流的上游三公里的岸邊，找到一塊七十公畝的山坡。他特別爬到山丘頂端，居高臨下的眺望，覺得這裡風光如畫、交通方便，還可建造碼頭供醫院運送病人和貨物，是塊好地方。雖然像非洲的其他空地一樣，這塊地也是荒煙蔓草，但看上去並不難整理，於是他決定未來又新又大的醫院就建在這裡。因為此地是法國的領土，阿伯特找當地官員向法國政府申請執照，待手續辦完後，他趕回到醫院，召集全體同仁宣布這個建新院的大計畫。

　　建院計畫先使眾人吃了一驚，緊接著就被掌聲與歡呼取代。沒有人會懷疑阿伯特的決心和毅力，大家擔心的是，建造一

所大型醫院，需要太多的精神和體力，年過半百的醫師先生承受得了嗎？阿伯特聽了笑著說:「我還沒老。請相信，我有足夠的生命力，非把醫院建成不可。」

阿伯特胸有成竹的指揮眾人:「工具都準備好了，鐮刀、鋤頭、長鋸已經放在工地。從此刻起，除了值班的醫生、護士外，誰有空就到工地上去墾荒。餐飲由醫院供應。有快艇『謝謝你』在碼頭上備用，還有獨木舟都可自由用來往返載人。好了，我們與艱難搏鬥的時刻來了。」

每天一大早，阿伯特就帶著一群人，包括年輕的病患或病人的家屬，乘著幾艘船到三公里外的工地去開墾。為了怕大家厭煩這個費力又枯燥的工作，阿伯特時時幽默的鼓勵大家。有時他帶頭唱當地的山歌，眾人和著，歌聲響徹雲霄；有時他也會用半法

文半土語講笑話，逗得白人、黑人全都哈哈大笑。

一天，阿伯特正彎腰除草，累得氣喘吁吁時，突然見到「謝謝你」載來一位白人青年。那青年和阿伯特熱烈握手，並自我介紹。原來他是個瑞士人，因為在報上讀到一篇有關隆巴涅的報導，知道阿伯特正在建造新醫院，便趕來幫忙。

他說：「連個建築師都沒有，蓋出來的房子會好用嗎？我叫夏慈曼，是瑞士工業大學畢業的建築師，我是特地來幫忙造醫院的。」

阿伯特聽了非常高興，說：「親愛的夏慈曼先生，你真是上帝派來的使者。」

雜草終於除盡，現在這七十畝的土地看上去是片可愛的大斜坡。為了防止毒蛇和害蟲的侵犯，房子仍得造在一米來高的木

椿上。醫院規模不小，需要粗大的木椿數百根，每根還要鋸得一樣長。挖坑、鋸樹、燒掉樹皮、搬運，工程相當浩大，人人喊累，只有阿伯特總是精神抖擻，每天從早到晚的指揮工程。他的口袋裡總是揣著一張自己畫的圖，不時掏出來看，或與夏慈曼研究討論。

1927 年初，新醫院終於蓋成了，一棟棟鐵皮頂的木板屋，造得比以前美觀、堅固、合用。有診療室、候診室、開刀房、普通病房、重病病房，白人、黑人的病房還得分開。

對這種措施，年輕的夏慈曼表示不滿：「醫師先生，我一直認為您是位偉大的人道主義者，在您的心裡應該是萬民平等，不應有黑白之分。您把病房分為黑人病房、白人病房，我覺得很失望。」

「親愛的小朋友，我的想法和你完全一樣，可是這裡的其他白人並不這樣想。如果不分，他們就會情願待在家裡也不來治病。我想，今天的世界還沒發展到那個階段。讓我們暫且容忍，將來一定會有那一天，全人類能不分顏色、種族的融合在一起。」阿伯特的態度很誠懇，夏慈曼便不再批評。

新建的醫院除了力求適應當地環境，也盡量做到應有盡有，譬如在每張病床掛上白紗蚊帳。此外，還做了一個別家醫院都沒有的規劃：開闢一處規模不小的農場。這也是阿伯特想出來的主意。他認為醫院裡的工作人員加上住院病患眾多，需要的糧食不少，到市場上買不只昂貴，也很麻煩。最好的解決方法，就是自己闢個農場種香蕉、玉米、蔬菜、小麥等等；又建了雞舍，養

殖肉雞和下蛋的母雞；也養了奶羊，使得病人能喝到營養豐富的羊奶。照顧農場的是四名原住民，算是醫院編制內的職員。

新醫院已準備好了，1927年1月27日，阿伯特乘著快艇，率領醫院人員大搬家，連續幾天他都在河上指揮一切。當最後一批病人和物品運送完，累得腰酸背痛的阿伯特，站在快艇上望著叢林掩映間，一棟棟色彩鮮明的鐵皮頂木屋，和忙上忙下的人群，滿足快樂的情緒讓他不自覺的笑出聲來。

「醫師先生這麼開心呀！」旁邊的護士小姐帶點調侃的問。

「哦，我真的高興。赤手空拳的來，做出今天的成績，也算不錯了。可以為非洲做更多的事情了。」阿伯特又朝岸上遙望片刻，說:「妳看這片醫院的新房子，像不像咱們德國的度假村

啊！」

　　「真的很像。」護士小姐聽得出來阿伯特話中的鄉愁，善解人意的說：「醫師先生，您太累了。現在有足夠的醫生可以處理院務，您就回歐洲休息一陣子吧！」

　　「哦，真的，我已經三年沒見到女兒蕾娜了。她都八歲了呢！」阿伯特悠悠的說。

　　9月間，阿伯特將醫院交給幾位醫生和護士長，凡事都做了妥善安排，就動身回歐洲。他覺得自從來到非洲，心情從未像此刻這麼輕鬆過。阿伯特的父親於1925年去世，他們家原本住的牧師公館，現在換成繼任牧師居住，因此他沒有回到故鄉瓊斯巴哈，而直接到海倫和女兒居住的堪尼斯佛特城去。蕾娜果然長高了不少，說起話來也有條有理，阿伯特驚喜的把她抱在懷裡，直呼：「我的女兒快出落成大女孩

了，爸爸都快不認得了。」一家人久別重逢，非常開心。

「親愛的，已有幾封從隆巴涅寄來的信在等你了。」阿伯特從海倫手中接過信一看，面色凝重了起來。信中說：隆巴涅的饑荒與赤痢流行的情形又趨嚴重，每天平均有三百個病患等待治療，醫生和護士嚴重不足，藥品的消耗量也遠遠超出預期，所以要阿伯特在歐洲盡速寄藥品去，也要他找醫務人員前去支援。

阿伯特沒有一句怨言，立刻四處聯絡，打算以開演奏會和演講的方式募款。幾天之後，他便開始整個歐洲的巡迴之旅。旅途之中，即使在車船上，他也不肯浪費光陰，隨時拿出書稿來撰寫。他的足跡遍及歐洲的所有大城市，動人的演奏與演講征服了每個人的心，「阿伯特・史懷哲」這個名字成了偉大的代名

詞。

　　1928 年，著名的法蘭克福「歌德獎」＊頒給了阿伯特，各地的「史懷哲博士之友會」也紛紛成立，他們呼籲：「一切婚喪生日紀念日，請不要送花送禮。情願把節省下的錢，捐給阿伯特・史懷哲博士設在隆巴涅的慈善醫院。」

　　阿伯特人在歐洲日日奔忙，無暇休息，但卻心懸隆巴涅。1929 年 12 月，他帶著大批藥品和醫療器材，與妻女及一位女醫生、一位助理，第三度前往非洲。一路上他仍忙著寫作，十多年來他未曾間斷對聖保羅的研究，現在正將心得結果整理出

＊歌德獎　1927 年為紀念德國作家歌德而創立，由法蘭克福市主辦，原為每年 8 月 28 日歌德生日時頒獎一次，後來改為三年一度。凡是在自己專業領域中有所成就者均可獲獎，不限於文學家。

書，定名為「使徒保羅的神祕主義」。在抵達隆巴涅前夕終於完成全書。

此次赴非後到 1937 年的八年裡，阿伯特曾三度回到歐洲。這期間，他得了無數的神學、醫學、音樂學之類的榮譽博士學位。 1938 年，是醫院創建廿五週年紀念，為了表示對阿伯特偉大情操的敬意，居住在歐格威河流域的白人集資九萬法郎，要買一套 X 光設備送給醫院。當他們告訴阿伯特這個想法時，阿伯特卻有不同的意見:「現在不需要新的 X 光設備，急須的仍是藥品。」於是，他們就把這筆款項拿去買了大批藥品。幸虧阿伯特有先見之明，否則不久後第二次世界大戰爆發，醫院又會發生藥品欠缺的困境。

1939 年，阿伯特在返歐途中，從廣播裡聽到希特勒占領捷

克的消息，知道一場大戰必然來臨。他是一位反對殺戮和侵略的人道主義者，希特勒政權的表現令他十分失望與厭惡。回到故鄉，他把家人安頓好之後，便匆匆返回非洲，與非洲的同胞們站在一起，共同度過戰爭困境。戰爭期間，院裡大部分的醫生都離開了，偌大的醫院就靠年老的阿伯特和一位助理醫師支撐。幸好藥品的來源不成問題，當儲存的藥品快用完時，美國、英國、瑞典等國便及時的運來最新出廠的藥。阿伯特在非洲的工作，已是全世界關注的焦點。

1945 年 1 月 14 日，是阿伯特七十歲的生日，醫院的同仁替他開了簡單的慶生會，歐洲各國亦紛紛透過廣播祝賀。阿伯特從收音機裡，聽到他人的祝詞和自己曾在音樂會中彈奏的巴哈樂曲，感到非常欣慰。雖然戰爭仍在進

行，但已近尾聲，希特勒失敗的命運已經可以預見。

同年的 5 月，戰爭終於結束了，德國的幾個大城變成一片廢墟，國土被分割成東西兩部分，人民生活困苦、物資缺乏。阿伯特對祖國十分關懷，可是仍把所有的時間精力放在隆巴涅。

這時，歐格威河流域忽然流行起痲瘋病，他用盡全力救助病人，並計劃建痲瘋病院，讓痲瘋病患全家人住進來，免得細菌越傳越廣。

七十多歲的阿伯特滿頭灰髮，連眉毛都白了，微微佝僂著背，步履緩慢，雖然還是像平日那樣不停的工作，包括建房子、修橋、築路、刷牆、修抽水機、照顧農作物，甚至攪拌混凝土等，但人人都看得出，他真的老了。那些病患改口叫他「老醫師先生」，醫院的同仁則稱他老博

士。大家都勸阿伯特多休息，少工作。他卻說：「生命是勇往直前的，怎麼可以停頓。告訴你們一個祕密：工作是我最快樂的時刻，哈哈！」

由於不停的改善、擴充、修建，醫院的設備越來越齊全。1947年時，這裡已有房舍四十五棟，醫生、護士等工作人員一百餘人。已經十年沒離開非洲的阿伯特，現在可以放心的離開了。這年，他先到日本去看居住在東京的女兒一家，然後回到歐洲，與先回故鄉養病的妻子會合，兩人再同往美國。美國各界曾經幾次捐贈藥品，讓阿伯特衷心感激，所以欣然接受邀請前去演講，並向那些還沒見過面的美國朋友致謝。

美國各界對阿伯特極為景仰，用熱情而充滿敬意的方式迎接他，每次他的演講都能吸引大

批聽眾。 1949 年正好是德國大文豪歌德的兩百歲冥誕，阿伯特就用「歌德的人生和成就」當作講題。他對歌德的研究向來很專精，口才又是一流，演講的內容深入淺出、生動幽默，整整兩小時的演講，聽眾們都聽得聚精會神。阿伯特有本事把最無趣的話題，說得趣味盎然，難怪被譽為最會演講的人。他的好友，也是舉世聞名的大作家羅曼‧羅蘭，就戲稱他為「哄笑的雄獅」。

美國之行為阿伯特帶來許多實質的贊助，不必他開口，各方便送來不少捐款。阿伯特仍像以前一樣，將捐款用來訂購大批藥品。他調侃自己說:「我是藥廠最忠實的主顧。為了那些孩子們，我需要這麼做，否則他們就糟了。」他所指的「孩子們」，指的是隆巴涅的全部居民。晚年的阿伯特，習慣這樣稱呼他們；隆巴

涅人也對他敬愛有加，常常在背後稱他為「神」、「最好心的神」。每當阿伯特聽到這樣的稱呼，就會說：「我不是神，只是一個把神的愛帶給你們的人。」

阿伯特的崇高形象，受愛戴的程度，讓那些教會派來傳教的神職人員也不禁感慨，說：「當初約法三章，規定史懷哲博士只可行醫不可傳教，他也真的謹守諾言從不傳教。可是誰能否認，他是一個最成功的傳教者。是他，讓耶穌精神在非洲生根。」

這話說得不錯，阿伯特雖然從不傳教，也不總是保持笑容、言語溫和──當居民們做錯事，卻又不肯改正時，他會用嚴厲的態度訓誡，甚至罵上兩句，但他做人誠懇正直，那顆充滿愛的心，人人都能體會得到。對那些曾被世界遺忘，非洲大陸偏僻角落的居民來說，在這個世界之

　　上，阿伯特‧史懷哲是最值得愛
與尊敬的人。

10 愛心永存人間

　　阿伯特似乎不知道自己是當代的名人，也不知極高的榮譽正在朝他而來，他仍像過去數十年一樣，每天辛勤的工作、寫書、思考和照顧動物。醫院一角養著小猩猩、山豬、貓、狗等動物，牠們都可以自由自在的在院子裡亂跑。他所疼愛的羚羊和鸚鵡就在他書房的廊下，至於視為珍寶的兩條漂亮的熱帶魚，離他最近，養在書桌旁邊的魚缸裡。他不僅關心這些動物的生活與健康，診療病人的工作，也未完全停頓。雖然已有足夠的醫生可負擔起全部的醫療事務，但當一些老病人指名要找「老醫師先生」時，阿伯特便毫不猶疑的掛上聽診器，然後他會對病人說：「你要信任別的醫生，他們和我一樣

好。我快要八十歲，不能再拿手術刀了。」

許多歐洲國家成立了「史懷哲之友會」，有的直接叫「隆巴涅醫院後援會」，他們把捐來的款項寄到隆巴涅，支持阿伯特建造痲瘋病院的計畫。阿伯特決心要與痲瘋病作戰，即使不能徹底消滅，也要遏止它繼續蔓延。他像個建築師，又像個木匠、水泥匠，總之，他和建房子工人沒什麼分別。他曾洋洋自得的說：「我什麼活都會幹。」每當那些工人聽他這樣說，都一致附和：「對呀！老醫師先生已經像一個職業的造屋工人，什麼事都能自己動手。」可是當阿伯特要爬梯子上屋頂時，他們又急忙跑過來擋在面前說：「不行，老醫師先生，您什麼都能做，但就是不能爬梯子上屋頂。」

1953 年 10 月 11 日，阿伯特正

拿著大鐵鏟，彎著腰吃力的攪拌地上的混凝土，腦子裡想的是有關人類文明的問題。另一位史懷哲醫生——阿伯特遠從德國來這兒服務的姪兒，忽然氣喘吁吁、滿臉笑意的跑來說：「伯伯，您怎麼還在幹活呀？院裡正在開香檳慶祝，大家都樂翻了。」

「樂翻了？為什麼呀？」

「為您呀！伯伯，您是諾貝爾和平獎的得主！ 1952 年度的諾貝爾和平獎。收音機剛傳來的消息。」

阿伯特愣了一下，接著微笑著問：「 1953 年獲得 1952 年度的諾貝爾和平獎？你沒弄錯吧？」

「絕對沒錯。 1953 的得獎人是美國的馬歇爾將軍。您快放下鏟子，回去慶祝吧！」

「不行，我得先把混凝土攪好。」

「哎呀，別人攪還不是一一

樣，您就快回去吧！」姪兒不聽他說，拉著阿伯特就走。

阿伯特‧史懷哲的得獎獲得全世界的讚譽與肯定，各國的總統、國王、名人及朋友，賀電如雪片飛來，一致表示對他的推崇與景仰。

有個美國記者特地千里迢迢前來採訪，開門見山問他:「請問你要怎麼使用這筆獎金啊？博士先生。」

「記者先生，你知道我正在建造一個可容納兩百五十個病人的痲瘋病院，很擔心經費不足，有獎金的話，問題就解決了。」阿伯特誠懇的說。

1953 年 11 月 4 日，阿伯特和妻子海倫同赴挪威領獎，並發表內容精闢動人的演說，題目是「今日世界的和平問題」。

阿伯特已名滿天下，年紀也確實很大了，但他的性格一生都

沒改過，總是自信、剛強、不畏難，就像他自己說的：「只要活一天就要做事。」他對全人類的關懷，要助人救世的熱情，絲毫不因年老而有所減退。

1957 年的 4 月，他發表「制止原子彈試爆聲明」，挪威首都奧斯陸的電臺，以五種語言播出。當時一些強權大國還不能接受他的想法，但今日全球已全面禁止原子彈試爆。由此可見，阿伯特是一位具有先見之明的智者。

近年來，讓阿伯特非常困擾的事，是妻子海倫的健康問題。海倫的年紀與阿伯特差不多，也是近八十歲的老人，但是她沒有阿伯特的硬朗和活力，對於非洲的熱帶氣候也始終無法適應，整年被病痛折磨，阿伯特無法幫助她，只能勸她回歐洲休養，夫妻倆常常得遠距離的分離。

　　1957 年 5 月初，海倫的病情變得嚴重，赤道的燠熱空氣讓她感到呼吸困難。阿伯特知道妻子病得不輕，連忙派人護送她回歐洲，到瑞士女兒處休養治療。海倫一到瑞士，女兒蕾娜就把她送進蘇黎世的醫院。然而先進的醫藥也救不了重病的海倫，她最終在 6 月 1 日離開了人間。

　　阿伯特在隆巴涅接到這個不幸的消息，悲痛得老淚縱橫。回想年輕時在薩爾斯堡相識，兩人相知相惜，海倫一開始就贊同他遠赴非洲的計畫，後來也不顧大家反對的跟他來了。海倫深知自己的丈夫不是一般男人，不可能只屬於一個女人或一個家庭，他是屬於大眾，甚至是全人類的。雖然在非洲極盡辛苦，她也從不埋怨。結婚四十五年中，夫妻聚少離多，相隔數年才再見，對他們來說是極尋常的事。每次海倫

從歐洲回隆巴涅，帶的不是時裝和太太們最愛的時髦帽子，而是醫院用的藥品器材。這一切的付出，是多麼的深情可感啊！

海倫的死對阿伯特是個沉重的打擊，但他仍是那個永不會被擊倒的人。他請人將海倫的遺體運到隆巴涅，葬在自家屋前的椰子林裡，好讓他和妻子長相廝守。他也逐漸恢復了生活的節奏，著書、深思、散步、建麻瘋病院、回覆各地的來信等。由於年紀很大，他已很少去旅行，各國邀請他去演講，他也一一婉拒。住在瑞士的女兒，隔些時候便會帶著孩子來探望他。蕾娜生有三女一男，個個活潑健康，看著外孫們在林間追逐嬉戲，嘻嘻哈哈的玩鬧，是阿伯特最快樂的時刻。

麻瘋病院早已建好，一共有二十幾棟大屋子，果然如計畫般

可以容納兩百五十個病人。病院建得很有規模，房舍之間種植花草樹木，色彩繽紛。遠遠看去不像令人懼怕的痲瘋病院，倒像一座美麗的小村莊。

1913 年，阿伯特和海倫憑藉著一腔奉獻的熱情，攜帶為數不多的募款，赤手空拳的到隆巴涅來開設醫院，直到 1963 年恰好是五十週年，世界各地都寄來賀函、賀電或捐款。八十八歲的阿伯特，已經鬚髮霜白，聽力衰退，背佝僂得更嚴重了，說話也不像以前那麼宏亮，聲音低沉、有氣無力、步履緩慢。

他已完全不再為病人看病，閒來無事就坐在廊下的搖椅上，深思人類文明的問題——這是他一生窮究的問題。有時想著想著就打起瞌睡，他也真的很疲勞、很困倦了，但睜開眼睛看看四周高高低低的建築物，想起五、六

十年前的理想：要為非洲被遺忘的人們建所醫院，要救治生了病無處投醫的病患，要減少嬰兒的死亡率，讓那片黑色大地上的孩子，能和地球上其他孩子一樣，健康的成長；還要改善他們的生存環境，教他們事情的道理，告訴他們學習和教育的重要，如今看來，大部分已經實現了，這也讓他感到安慰。

遲暮之年的阿伯特常常會想起故鄉瓊斯巴哈，閉上眼睛，腦子裡就會出現一幅圖畫：一個文雅的男孩站在綠色的山崗上眺望，好像要從那兒望遍全世界。那是自己，一個生來就喜歡思考的孩子。時間過得真快，八十八個年頭過去了，曾經年輕的海倫也已長眠於地下。在不下雨的日子，他總會在夕陽西下時，到她墓前獻上一束花。

人人都看得出老醫師先生想

家，經常照顧他的歐尼就試探的問：「老醫師先生，您要不要回歐洲度個假，算是慶祝醫院成立五十年呢？」

「跑一趟太辛苦了。其實我倒想看看女兒和外孫，他們一家現在住在日本，路途更遠。」

「遠有什麼關係，有人會送您去呀！」醫院裡的人異口同聲的這麼說。於是，阿伯特做了人生中最後一次的旅行──到日本探望女兒一家。

1965 年 1 月 14 日是阿伯特九十歲生日。各國電臺、報紙都發表專文祝福，歐美各國及日本，還開了盛大的慶祝會，又募集了可觀的款項。在隆巴涅的壽星阿伯特，只接受簡單的祝賀。清晨起來，歐尼幫他換上熨燙平整的衣褲，理理髮、修修鬍鬚，阿伯特對著鏡子自我調侃的說：「我看鏡子裡的老男孩很不錯呢！」

「老醫師先生，您永遠是年輕的，誰也比不了。」歐尼笑嘻嘻的開玩笑，逗他高興。

早餐前，阿伯特和每天一樣先做禱告，餐後在院子裡剪下一束野花，到椰子林裡的亡妻墓前，念念有詞的說：「海倫，今天是我九十歲的生日，真夠老啦！最近我總覺得沒來由的疲倦，想睡覺，也許不久就去找妳了！妳已等了我八年，也許不耐煩了吧！哦！別認真，我是逗妳的，妳一生從來就沒不耐煩過。海倫，我們相識五十多年，結為夫妻四十五年，在一起的時間加起來也許不足十年，實在是聚少離多啊！我知道妳不會怪我，因為妳了解我，我不能不為人間做點事啊！再等等，我們總會永遠在一起的。」

阿伯特給妻子上完墳回到醫院，只見醫院同仁全穿著白色制

服，還有那些以前的病患、傳教辦事處的朋友，在翠綠的山坡上排了一列隊伍，一起唱生日快樂歌。阿伯特連聲道謝，邁著蹣跚的步子踱入屋內，看見一個點滿蠟燭的大蛋糕擺在桌上。他感動得眼泛淚光，緩慢低沉的說了幾句話：「親愛的朋友，沒有我在先，你們不會來非洲。而我，不過是在二十一歲那年，偶然的一個想法，要把三十歲以後的歲月，獻給被遺忘的、無助的人們，就遠渡重洋來到隆巴涅。這塊溫暖的大地，是我永遠的故鄉。我最初的那個意念，只是一顆理想的種子，一粒麥芽。可見一粒麥芽足可長成良田。親愛的朋友，請把這片良田永遠耕耘下去。這片土地上的人是我們的兄弟姐妹，不要把他們遺忘。唯有愛與和平才能拯救人類，戰爭與殺戮只會製造仇恨。謝謝大家為

我祝壽，我此刻的心靜如止水，對自己的生命了無遺憾。」

阿伯特的談話在如雷的掌聲中結束，之後他的生活倒真像他自己形容的「心如止水」。每日安詳的靠在長廊的搖椅上，慢慢的搖呀搖，偶爾停下來，悠悠的眺望遠方。8月底，他連搖椅也坐不住了，默默的躺在床上。老醫師先生病重的消息，在歐格威河沿岸迅速的流傳著，居民都很擔憂，有人從數百里外駕著獨木舟，到隆巴涅來打聽消息。

「老醫師先生真的病了嗎？」他們擔心的問。對隆巴涅及周邊的民眾來說，阿伯特就是保護他們長達半世紀的神，如果這神撒手而去，整個世界便會變了樣。焦急與茫然寫在他們的面孔上。然而，該來的終是要來，他們全心尊重敬愛的老醫師先生，正邁向死亡。

　　1965 年的 9 月 4 日，衰弱的阿伯特已呈彌留狀態，他偶爾睜開眼睛，也無力說話。他的獨生女蕾娜和追隨他多年的醫院同仁，靜悄悄的圍繞在床邊。院子裡、山坡上、樹林邊，站滿從各處趕來的民眾，他們含著淚，不發一語。黃昏時，阿伯特·史懷哲終於嚥下最後一口氣，告別他熱愛的、奉獻一生的人間。

　　昏暗的天色裡，鼓聲隆隆響起！沿河的居民早約定好，當醫師先生過世時，要用擊鼓的方式傳遞消息。那晚天氣晴朗，月明星稀，鼓聲一個村莊一個村莊的傳下去。寂靜的大地，每個人都聽到了，那迴盪著的、沉重而憂傷的隆隆鼓聲。

　　阿伯特·史懷哲的一生得過無數榮譽和獎項，著作等身，集宗教家、哲學家、音樂家、醫師的頭銜於一身，但他從不以此誇

耀或自大。他把每一分收入和募集來的錢，都用在隆巴涅的醫療工作上，自身過得卻是最儉樸的生活。無論在非洲或歐洲，他的屋子裡都只有一床、一桌、兩個書架和幾把椅子。

史懷哲去世後，他的女兒蕾娜和那些工作伙伴，繼續經營醫院，隆巴涅的史懷哲醫院至今仍存在。此外，在阿伯特的故鄉有個「史懷哲之家」，那是當年他用「歌德獎」的獎金成立的「史懷哲駐歐洲辦事處」。他每次從非洲回歐洲就住在那兒。如今「史懷哲之家」改建為紀念館，去參觀憑弔的訪客絡繹不絕。

英國哲學家羅素說：「世間真正無所求而單純獻身的人太少。在我們的時代裡，史懷哲博士幾乎是我僅見的，一位真正充滿善意、愛心，獻身於世的人。」

用這句話為阿伯特‧史懷哲

蓋棺論定很是貼切。一個真正偉大的人物不須自己宣傳，他為人間付出的愛，自會長存於人心。偉大的人道主義者阿伯特‧史懷哲，值得我們永遠感念、學習。

史懷哲

小檔案

1875 年	出生在德、法邊界的阿爾薩斯。父親是一位副牧師，母親是家庭主婦。
1884 年	小學畢業，就讀彌爾豪森中學，寄住在叔公家。
1890 年	正式拜勉西為師，向他學習管風琴。
1893 年	向法國管風琴大師維多學琴，同年入薩爾斯堡大學就讀。
1902 年	成為薩爾斯堡大學神學系講師。
1905 年	出版法文版《巴哈傳》，同年告知父母要前往非洲行醫的志向。
1912 年	與海倫‧布絲黎結婚，兩人為前往非洲醫療募款。隔年抵達加彭的隆巴涅，在當地設立簡易的診所為居民治病。
1917 年	因為德國籍身分，被遣往法國的俘虜營。隔年回到家鄉瓊斯巴哈。

1924 年　再度前往非洲，並重修醫院。夫人海倫因健康及家庭因素未能同行。

1927 年　新醫院落成。此後來往歐非多次，四處演講、募款。

1939 年　二次世界大戰爆發後，為節省開支，醫院除重症病人外，全部遣送回家。

1945 年　七十歲生日，歐洲各國透過廣播祝賀他的生日。同年二次大戰結束。

1949 年　首度訪問美國，逢歌德兩百歲冥誕，以「歌德的人生和成就」為講題演講，獲得極大的回響。

1953 年　獲 1952 年度諾貝爾和平獎。

1957 年　妻子海倫病逝瑞士，遺體運回非洲，安葬於隆巴涅。

1963 年　隆巴涅醫院慶祝建院五十週年。

1965 年　9 月 4 日，以九十歲高齡病逝，安葬於海倫的墓旁。

獻給孩子們的禮物

「世紀人物100」

訴說一百位中外人物的故事

是三民書局獻給孩子們最好的禮物！

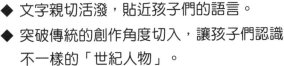

- ◆ 不刻意美化、神化傳主，使「世紀人物」更易於親近。
- ◆ 嚴謹考證史實，傳遞最正確的資訊。
- ◆ 文字親切活潑，貼近孩子們的語言。
- ◆ 突破傳統的創作角度切入，讓孩子們認識不一樣的「世紀人物」。

影響世界的人

在沒有主色，沒有英雄的年代
為孩子建立正確的方向
這是最佳的選擇

一套十二本，介紹十二位「影響世界的人」，看：

釋迦牟尼、耶穌、穆罕默德如何影響世界的信仰？

孔子、亞里斯多德、許懷哲如何影響世界的思想？

牛頓、居禮夫人、愛因斯坦如何影響世界的科學發展？

貝爾便利多少人對愛的傳遞？

孟德爾引起多少人對生命的解讀？

馬可波羅激發多少人對世界的探索？

他們，

足以影響您的孩子──

去影響世界的未來

在經典故事中成長

有圖、有料、有意思

- 導讀簡明，掌握故事緣起
- 內容生動，融合古典新意
- 插圖精美，呈現具體情境
- 經典新編，富含文學性質

全系列共三十冊　敬請期待

一生不可不讀的三十本經典

國家圖書館出版品預行編目資料

人類愛的典範：史懷哲 ／ 趙淑俠著;汀洲畫室－安高卡
通繪.－－初版四刷.－－臺北市：三民，2018
　　面；　　公分.－－(兒童文學叢書 ／ 世紀人物100)

ISBN 978–957–14–4926–5　(平裝)

1. 史懷哲(Schweitzer, Albert, 1875–1965) 2. 傳記 3.
通俗作品

784.38　　　　　　　　　　　　　　　96021386

© 　人類愛的典範：史懷哲

著 作 人	趙淑俠
主　　編	簡　宛
繪　　者	汀洲畫室－安高卡通
發 行 人	劉振強
著作財產權人	三民書局股份有限公司
發 行 所	三民書局股份有限公司
	地址　臺北市復興北路386號
	電話　(02)25006600
	郵撥帳號　0009998–5
門 市 部	(復北店) 臺北市復興北路386號
	(重南店) 臺北市重慶南路一段61號
出版日期	初版四刷　2018年11月修正
編　　號	S 781590

行政院新聞局登記證局版臺業字第○二○○號

有著作權‧不准侵害

ISBN　978–957–14–4926–5　　(平裝)